THE TEAM

Original Japanese Title :
THE TEAM ITSUTSU NO HOUSOKU
© Koji Asano 2019

Original Japanese edition published by Gentosha Inc.
Korean translation rights arranged with Gentosha Inc.
through the English Agency (Japan) Ltd. and Danny Hong Agency.

THE TEAM

더 팀

성과를 내는 팀에는
법칙이 있다

아사노 고지 지음 **이용택** 옮김

리더스북

매출과 시가총액을
10배로 높인 '팀의 법칙'

이 책의 관심 대상은 제목 그대로 '팀'이다. 인간이 혼자 해낼 수 있는 일은 한정적이다. 이 세상에 존재하는 모든 사람들은 타인과 협력함으로써 '혼자서는 해낼 수 없는 일'을 해낸다. 직장인의 업무별 팀뿐 아니라 초등학생부터 각종 동호회에 이르기까지, 사회생활을 하는 사람이라면 남녀노소 누구나 각종 팀과 관련을 맺고 있다.

하지만 안타깝게도 학교에서나 회사에서나 팀을 효과적으로 구축하는 방법을 체계적으로 배울 기회는 거의 없다. 간혹 리더나 상사가 언급하는 경우가 있지만, 기껏해야 본인의 경험과 감각을 바탕으로 "팀은 열정과 신뢰가 중요하다"라는 식의 설교 아닌 설교를 늘어놓는 데 그치고 만다.

이 책은 정신론이나 경험칙이 아닌, 학문적이고 체계적인 '이론'을 통해 팀이라는 대상을 과학적으로 풀어나가고자 했다. 여기서 말하는 '팀의 법칙'에는 경영학, 심리학, 사회학, 언어학, 조직행동학, 행동경제학 등 다양한 분야의 학술적 토대가 담겨 있다. 또 필요할 때는 수식이나 도표를 활용해 직장인뿐만 아니라 학생이나 주부 등 누구나 쉽게 이해할 수 있도록 했다.

'팀의 법칙'이라는 말이 언뜻 피부에 와 닿지 않는 독자를 위해 초보적인 질문을 먼저 해보겠다.

"팀에서 1+1은 2보다 커질 수 있을까?"

다시 말해 팀의 성과는 그 구성원들이 각자 활동할 때 거둔 성과의 총합을 웃돌 수 있느냐는 질문이다. 답은 'Yes'다. 어떻게 해서 이것이 가능할까? 팀의 법칙을 이해하면 다양한 방법으로 그 이유를 설명할 수 있겠지만, 우선 가장 납득하기 쉬운 이유를 하나 알아보자. A는 기획을 잘하지만, 계획과 실행에 서툴다. A는 혼자서 일할 때 1이라는 성과를 낸다. 반대로 B는 계획과 실행을 잘하지만 기획에는 서툴다. B 역시 혼자 일할 때 A와 마찬가지로 1이라는 성과를 낸다.

두 사람이 팀을 이룬다면, A에게 서툰 계획과 실행은 그것을 잘하는 B가 담당하고, B에게 서툰 기획은 그것을 잘하는 A가 담당함으로써 역할을 분담할 수 있다. 그러면 각자 잘하는 활동에 집중할 수 있게 되어 A와 B의 성과는 양쪽 모두 1에서 1.1이나 1.2로 높아진다. 결과적으로 팀의 성과는 2가 아니라 2.2나 2.3 혹은 2.4까지 높아질 수 있는 셈이다. 이처럼 협력을 통해 각자의 능력을 적재적소에 활용한다면 1+1은 충분히 2보다 커질 수 있다.

얼핏 당연한 말처럼 들리겠지만, 이런 초보적인 개념조차 제대로 이해하지 못한 채 팀을 이루고 활동하는 사람들이 수두룩하다. 이를테면 팀의 법칙에 대해서도 덧셈과 뺄셈 수준만 이해하는 데 그치고 곱셈과 나눗셈, 더 나아가 방정식까지 존재한다는 사실을 모르는 경우가 많다는 뜻이다.

우리는 모두 팀을 오해하고 있다

팀의 속성을 체계적으로 배울 기회가 없기 때문에 많은 사람들이 다음과 같이 팀에 대한 잘못된 인식과 선입견을 지니고 있다.

· 목표를 확실히 달성하는 팀이 좋은 팀이다.

· 다양한 사람으로 이루어진 팀이 좋은 팀이다.

· 팀 내 소통은 많을수록 좋다.

· 모두가 합의해서 의사결정하는 팀이 좋은 팀이다.

· 팀원의 동기를 높이기 위해서는 리더가 열정적으로 독려하는 것이 중요하다.

언뜻 생각하기에 맞는 말 같지만, 사실 이런 생각들은 팀이 충분한 성과를 내지 못하도록 만드는 원인이다. 이는 우리가 알게 모르게 몸에 익혀온 사회 통념을 팀에 적용하거나 과거의 시스템에 얽매임으로써 발생하는 오해다. 이러한 오해 때문에 많은 팀의 성과가 떨어지고 있는 것이다.

이 책은 팀에 대해 잘못 알려진 믿음을 바로잡고, 팀이 갖춰야 할 바람직한 모습을 제대로 전달하고자 한다. 비즈니스 현장에서 팀의 법칙을 활용한다면 목적에 부합한 팀으로 운영할 수 있을 것이다.

오늘날 우리에게 필요한 것은 '팀'이라는 무기

역사를 돌이켜보면 애초에 인류가 지구상에 존재할 수 있었던 것도 팀워크 덕분이라고 할 수 있다. 약 10만 년 전 지구상에는 여러 인류 종이 존재했지만, 그중 현생인류인 호모사피엔스(homosapiens)만 살아남았다. 호모사피엔스는 다른 다섯 종에 비해 개체로서 능력은 낮은 편이었다고 한다. 과연 호모사피엔스는 어떻게 살아남을 수 있었을까?

세계적인 베스트셀러 『사피엔스(Sapiens)』에서, 저자 유발 하라리(Yuval Harari)는 그 비결이 '집단'에 있다고 설명한다. 호모사피엔스는 복잡한 언어와 공상적 사고를 기반으로 커다란 사회집단을 형성했다. 집단의 지혜를 통해 서로 협력하며 가치를 창조함으로써 환경에 적응하는 데 성공했고, 다른 인류 종을 멸종시키면서 전 세계로 퍼져나갈 수 있었다. 결국 호모사피엔스가 절멸하지 않고 번성한 이유는 집단, 즉 '팀'이 있었기 때문이다. 그러므로 팀을 활용해 성과를 최대로 높이는 것은 인류 발전에 가장 중요한 일이라고 해도 결코 과장이 아니다.

본디 서양에서는 사물을 요소로 분해할수록 더 잘 이해할 수 있다는 '요소환원주의' 개념이 발달해왔다. 예를 들어 사람의 몸에 이상이 생기면 서양의학에서는 악화된 장기를 수술로 적출해 질병을 고치려 한다. 이처럼 사물의 요소, 즉 '개체'에 주목하는 사고방식이 서양에서는 중시되어왔다.

반면 동양은 다른 문화권에 비해 집단에 관련해 뛰어난 전통을 지니고 있다. 동양에서는 사물이 요소와 요소의 관계성으로 이루어진다는 '관계성 세계관'이 발달해왔다. 사람 몸에 병이 생겼을 때 동양의학에서는 장기와 장기를 잇는 혈류를 개선하고 더 큰 질병을 예방하려고 한다. 이 행위에도 관계성 세계관 개념이 포함되어 있다. 동양에서는 사물과 사물의 관계, 즉 개체와 개체의 '연결'에 주목하는 사고방식이 중시되어온 것이다.

2016년 리우데자네이루 올림픽 육상 남자 400m 계주에서 일본 대표 팀이 은메달을 따냈다. 일본은 선수 개개인의 능력만 본다면 3위인 미국(추후에 실격 처리됨)보다 뒤떨어졌다. 미국 팀은 모든 선수가 100m를 9초대에 달리는 기록을 갖고 있었지만, 일본 팀은 100m를 9초대에 달리는 선수가 한 명도 없었다. 그러나 개인과 개인을 이어주는 배턴 터치를 철저히 훈련한 결과, 일본 팀은 미국 팀을 누르고 은메달을 거머쥘 수 있었다.

이처럼 팀은 커다란 무기가 될 수 있다. 하지만 대부분 그 무기를 충분히 활용하지 못한다. 팀워크가 중요하다고 어렴풋이 생각하는 사람은 많지만, 어떻게 해야 좋은 팀을 만들 수 있는지 명확히 아는 사람은 많지 않다. 자기주장을 내세우지 않고 개인의 감정을 억누르며, 주변과 협조하는 것이 팀워크라고 오해하는 사람도 있다.

예전에는 비즈니스 가치의 원천이 '업계'였고, 고도 경제성장기에는 '기업'이었다. 그러나 이제는 비즈니스에서 '개인'을 중시하는 시대다. 앞으로 비즈니스 가치의 원천은 개인으로 옮겨 갈 것이 틀림없다. 물건을 만드는 유형적 비즈니스에서 서비스를 판매하는 무형적 비즈니스로 이행하면서, 공장이나 설비를 갖추지 않은 개인이 가치를 창출할 수 있게 되었기 때문이다. 그와 더불어 네트워크가 발달하면서 개인이 기업에 의존하지 않고 스스로 동료를 모아 복잡한 과정을 처리할 수 있게 된 것도 또 하나의 이유다.

그러므로 개인의 능력을 연마하고 내세우는 것이 매우 중요하다. 그보다 한 걸음 더 나아가려면 개인과 개인을 보다 긴밀하게 이어주는 팀을 구성하는 힘도 길러야 한다. 좋은 팀이 이루어지면 개인의 힘도 이전보다 훨씬 커질 것이다. 이 책에서는 성과를 높이는 팀의 법칙을 제시하는 동시에, 오늘날처럼 개인화된 사회에서 그것을 적절히 활용하는 방법까지 짚어보려 한다.

팀의 법칙으로 당신의 팀에서 기적을 실현하라

나는 경영 컨설턴트로서 수많은 기업의 인사 조직 변혁을 지원해왔고, 다양한 팀이 쇄신해나가는 모습을 옆에서 지켜봤다. 그런데 내가 팀의 법칙이 지닌 힘을 가장 절실히 실감한 것은 클라이언트 기업의 조직 변혁 프로젝트에 관여한 때가 아니었다. 오히려 내가 속한 컨설팅 팀을 바꿔나가면서 팀의 법칙을 제대로 실감할 수 있었다.

예전에 우리 팀 인원은 10명쯤이었는데, 회사 사정이 어려워지자 하나둘 퇴직했다. 실적도 끊임없이 하향 곡선을 그렸다. 나름대로 갖가지 대책을 강구해봤지만 헛수고일 뿐이었다. 우리 팀은 업계에서 전혀 존재감이 없었을뿐더러 회사 내에서도 업신여김을 당하기 일쑤였다. 그런 상황에서 한 후배가 나에게 이렇게 말했다.

"고객에게 조언해주는 조직 변혁의 노하우를 우리 팀에서부터 실천해보는 것은 어떨까요?"

그 순간 나는 뒤통수를 세게 얻어맞은 듯한 느낌이 들었다. 그동안 클라이언트 기업의 경영자에게 조직 변혁에 대해 우쭐대며 조언해왔지만, 부끄럽게도 그것을 지금껏 우리 팀에서 제대로 실천해보려고 하지 않았던 것이다. 그때부터 나는 기업을 위한 조직 변혁 노하우를 그보다 인원이 적은 우리 팀에서 활용할 수 있는 팀의 법칙으로 바꾸고 철저히 실천하기 시작했다.

그 후 우리 팀은 어떻게 되었을까? 놀랍게도 매출이 무려 10배로 올랐다. 실적이 향상되었을 뿐 아니라 조직 상태도 극적으로 개선되어 20~30%였던 퇴직률이 2~3%로 줄어들었다. 기존의 조직 인사 컨설팅 사업이 다시 본궤도에 안착한 것은 물론, 우리 팀이 신규 사업으로서 일본 최초로 선보인 조직 개선 클라우드인 '모티베이션 클라우드'는 세간의 커다란 주목을 받았다. 그 결과 회사의 시가총액 또한 10배로 높아졌다. 자화자찬일지도 모르지만 우리 팀은 회사 내에서뿐만 아니라 업계에서도 선망의 눈길을 받는 조직으로 거듭났다.

이 책을 쓰는 동안, 담당 편집자는 나에게 "무언가 작가님만의 흥미로운 인생 경험은 없을까요?"라고 물었다. 아쉽게도 개인적으로는 흥미로운 인생 경험이라고 꼽을 만한 것이 없다. 하지만 평범한 직장인으로서는 팀의 법칙을 내가 속한 팀에 직접 적용하고 탁월한 성과를 올린 일이 기적과도 같은 경험이었다.

내 인생에서 가장 자랑할 만한 것은 팀원들과 함께 만들어낸 우리 팀이다. 우리 팀은 아무리 불가능해 보이는 목표라도 포기하지 않는다. 팀에서 어느 구성원이 힘들어하면 다른 사람이 격려하고 도와준다. 모든 구성원이 자신의 힘으로 세상을 바꿀 수 있다고 진심으로 믿는다.

우리 팀이 어떻게 해서 팀의 법칙을 바탕으로 변화할 수 있었는지는 이 책의 후반부에서 구체적으로 소개할 것이다. 우리 팀의 이야기를 듣기 전에 먼저 팀의 법칙부터 제대로 이해하는 편이 효과적이리라 생각한다. 그래야만 팀의 법칙을 각자의 팀 상황에 알맞게 적용할 수 있을 것이다.

압도적인 성과를 내는 팀을 만드는 데 특별한 능력이나 경험은 필요 없다. 다만 확고하고 정밀한 법칙은 필요하다. 또 팀의 법칙은 단지 리더만을 위한 것이 아니다. 나이나 직급과 상관없이 모든 구성원이 이해하고 실천해야 하는 것들이다. 만약 본인이 속한 팀에 이런저런 불만이 있어 개선하고 싶다면 먼저 팀의 법칙을 실천해보기 바란다. 모든 독자가 이 책을 통해 팀이 지닌 잠재력을 스스로 높일 수 있기를, 또한 드라마나 영화에서나 볼 수 있었던 팀의 '기적'을 실제로 일으킬 수 있기를 진심으로 바란다.

차 례

1 aim
목표 설정의 법칙 : 깃발을 세워라

2 boarding
구성의 법칙 : 함께할 동료를 결정하라

3 communication
소통의 법칙 : 최고의 공간을 준비하라

4 decision
의사결정의 법칙 : 나아갈 길을 제시하라

5 engagement
공감의 법칙 : 온 힘을 쏟아라

6 팀의 함정 : 성과를 낮추는 4가지 덫

7 운명을 바꾼 '팀의 법칙' : 막다른 골목에서 부활한 팀의 이야기

A

aim

목표 설정의 법칙

: 깃발을 세워라

팀을 만드는 데 있어 가장 먼저 필요한 것은 '목적지'다.

【aim】

조준, 가늠, 목적, 뜻, 계획

'팀'에는 있고
'그룹'에는
없는 것

'팀의 법칙'을 파헤치기 전에, 먼저 팀의 정의부터 짚고 넘어가자. 팀을 명확하게 정의하기 위해서는 팀과 그룹을 비교해야 한다. 아주 쉽게 초등학생이 등교하는 상황을 예로 들어보자. 평소 친한 친구들끼리 어쩌다 모여서 함께 등교한다면, 이 집단을 팀이라고 부를 수 있을까? 이 집단에서는 각자의 기분에 따라 수다를 떨거나 걸음을 늦춰도 타박을 받지 않는다. 이처럼 단순히 두 사람 이상이 모이기만 한 집단은 '그룹'이라고 부른다.

그렇다면 그룹은 어떻게 해야 팀이 될 수 있을까? 팀을 팀답게 만드는 필요조건이 있다. 바로 '공통 목표'다. 예를 들어 또래끼리 학교에 갈 때 '모두 안전하게 학교에 도착한다'라는 공통 목표가 있다면 어엿한 팀이라고 할 수 있다. 이 목표를 이루기 위해 고학년생과 저학년생을 섞어 조를 짜고, 시간에 맞춰 집합하고, 고학년생이 저학년생의 안전을 살피는 등의 팀플레이를 수행한다면 팀이라고 부를 수 있다.

따라서 팀을 다음과 같이 정의하려 한다. 팀은 '공통 목표를 지닌 두 사람 이상의 구성원으로 이루어진 집단'이다. 반대로 말하면 '공통 목표'와 '두 사람 이상의 구성원'이라는 두 가지 조건을 만족시키면 얼마든지 팀이라고 할 수 있다는 뜻이다. 이 정의에 따르면 기업 내 부서나 프로젝트 팀뿐 아니라, 학교 동아리나 지역 커뮤니티, 동호회 같은 집단 역시 모두 팀이기 때문에 이 책에서 말하는 팀의 법칙을 활용할 수 있다. 극단적으로 이야기하면 함께 여행을 떠나는 친구나 외식하러 나가는 가족도 공통 목표가 있을 때는 팀의 법칙을 적용해 효과적으로 활동할 수 있다.

공통 목표는 팀 활동이 이루어지도록 만드는 필요조건이므로, 팀에서 가장 중요한 요소다. 이런 맥락에서 1장에서는 효과적인 목표 설정 방법을 설명하고자 한다.

그룹

팀

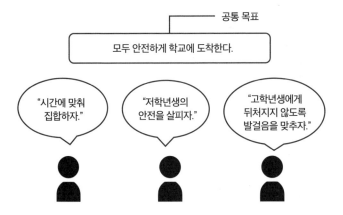

목표를
확실히 달성하는 팀은
좋은 팀인가

많은 사람이 팀에 대해 가지고 있는 오해가 있다.

'목표를 확실히 달성하는 팀이 좋은 팀이다.'

과연 이 말이 옳을까? 실험을 한번 해보자. 지금 이 책을 읽는 여러분에게 질문을 던지겠다.

"당신이 아침에 일어났을 때부터 지금 이 순간까지 빨간색 물건을 몇 개나 봤습니까?"

이런 질문을 갑작스럽게 받고 곧바로 대답할 수 있는 사람은 거의 없을 것이다. 하지만 내일 똑같은 시간에 대답해도 좋다고 한다면, 대부분의 사람들은 아침부터 빨간색 물건을 세기 시작해서 그다음 날 정확히 대답할 수 있을 것이다.

우리는 날마다 똑같은 시각으로 세상을 바라보고 똑같은 하루를 보내는 듯하지만, "빨간색 물건이 몇 개입니까?"라는 질문을 미리 받은 날과 받지 않은 날은 분명히 다르다. "빨간색 물건이 몇 개입니까?"라는 질문을 미리 받은 날에는 평소와 달리 빨간색 물건이 저절로 눈에 들어온다. 왜 그럴까?

그것은 '목표 의식' 때문이다. 이러한 현상을 심리학에서는 컬러 배스 효과(color bath effect)라고 한다. 인간은 어떤 목표를 의식하면 그 목표와 연관된 정보를 이전보다 더 잘 인식하게 된다. 그만큼 활동은 목표 의식에 좌우된다고 할 수 있다. 팀 활동 역시 팀이 내세우는 목표에 지배된다고 해도 과언이 아니다. 목표로 설정하는 내용에 따라 구성원들의 생각과 행동이 크게 달라진다.

이와 같은 내용을 전제로 삼는다면 '목표를 확실히 달성하는 팀이 좋은 팀이다'라는 말이 반드시 틀렸다고는 할 수 없지만, 그보다는 '목표를 적절히 설정하는 팀이 좋은 팀이다'라는 명제가 보다 바람직하다.

적절한 목표를 설정하기 위해서는 '어떻게 하면 목표를 달성할 수 있을까?'라고 생각하기 전에, '어떤 목표를 설정해야 좋을까?'를 고민하는 데 더 힘을 쏟아야 한다. 많은 사람들이 어릴 때부터 '학습의 목표는 높은 점수를 따는 것', '운동의 목표는 높은 순위에 오르는 것'이라고 배웠다. 이처럼 주어진 목표를 달성하기 위한 경쟁에만 익숙해져 스스로 목표를 설정하는 데 서툴다. 그러나 하나의 집단이 온전한 팀으로 거듭나려면 스스로 최적의 목표를 설정하는 목표 의식이 매우 중요하다.

무엇을
목표로
삼고 있는가

이 책 역시 다양한 사람들의 팀플레이를 통해 완성된 것이다. 만약 당신이 이 책을 만드는 팀의 일원이라면 다음 중 어느 쪽을 목표로 설정하는 것이 좋다고 생각하는가?

A. 사례를 섞어가며 팀의 법칙을 알기 쉽게 전달하는 책을 만든다.
B. 10만 부를 판매한다.
C. 전국에 존재하는 팀의 역량을 높인다.

A는 행동 중심의 목표 설정이다. 이러한 목표 설정은 팀 구성원이 구체적으로 취해야 할 행동 방향을 제시한다. 이 경우에는 '사례를 섞어가며 알기 쉽게 전달하는 책 만들기'라는 행동을 불러일으키는 것 자체가 목표라 할 수 있다.

B는 성과 중심의 목표 설정이다. 이는 팀이 이루어야 할 구체적인 성과를 제시한다. 이 경우에는 '10만 부 판매'라는 수치적 성과를 목표로 삼는다.

C는 의미 중심의 목표 설정으로, 최종적으로 실현하고 싶은 상태나 단계를 제시한다. 이 경우에는 '전국에 존재하는 팀의 역량을 높이겠다'라는 희망 사항이 목표가 된다.

행동 중심의 목표 설정은 팀 구성원이 스스로 취해야 할 행동을 쉽고 명확하게 이해할 수 있다는 장점을 지닌다. '사례를 섞어가며 알기 쉽게 전달하는 책 만들기'라는 구체적인 목표를 제시받은 구성원들은 전 세계에서 성공을 거둔 팀의 사례를 조사하거나, 팀의 법칙을 알기 쉽게 그림으로 표현해줄 일러스트레이터를 섭외하는 등의 행동을 곧바로 수행할 수 있다.

반대로 의미 중심의 목표 설정은 팀 구성원이 스스로 취해야 할 행동을 명확히 이해하기 어렵다는 단점이 있다. '전국에 존재하는 팀의 역량을 높인다'는 목표를 위해 당장 어떤 행동을 하면 좋을지 도통 감이 잡히지 않는다. 이런 식의 목표 설정만으로는 구성원들이 어찌할 바를 모르고 갈팡질팡 헤맬 위험성도 있다.

한편 의미 중심의 목표 설정의 장점은 창조적인 돌파구를 찾아낼 수 있다는 것이다. '전국에 존재하는 팀의 역량을 높인다'라는 목표는 매우 추상적이다. 따라서 구성원 사이에서 '사례를 섞어가며 전달한다', '알기 쉽게 전달한다' 등 일반적인 방안 외에도 뜻밖의 창조적인 아이디어가 나올 가능성이 있다. 실제로 이 책을 만드는 과정에서도 '전국에 존재하는 팀의 역량을 높인다'라는 의미 중심의 목표가 있었기에 담당 편집자가 "리더가 아닌 사람들에게도 도움이 될 만한 책을 만들어봅시다", "전국에 존재하는 팀의 역량을 높여야 하는 이유를 머리말에 확실히 밝혀둡시다", "누구나 쉽게 기억할 수 있도록 각 법칙의 영문 머리글자를 연결해 의미 있는 단어를 만듭시다", "책을 대량으로 구매한 독자에게는 강연에 참가할 기회를 드립시다" 등 갖가지 아이디어를 낼 수 있었다.

반대로 행동 중심의 목표 설정은 팀 구성원이 창조적인 돌파구를 마련할 만한 아이디어를 제시하기 어렵다는 단점이 있다. '사례를 섞어가며 팀의 법칙을 알기 쉽게 전달하는 책을 만든다'라는 목표 외의 행동을 유도하지 못하기 때문이다.

성과 중심의 목표 설정은 행동의 구체성과 방향성, 창조적인 돌파구의 가능성을 놓고 생각할 때 행동 중심 목표 설정과 의미 중심 목표 설정의 중간 정도라고 할 수 있다.

이 세 가지 유형의 목표 설정에는 각각 장단점이 있으므로 어느 것이 더 좋고 나쁜지 말할 수 없다. 세 가지 유형 가운데 자신의 팀에 적절한 것은 팀 구성원의 능력, 사고력, 행동력 등에 따라 달라진다. 구성원이 스스로 생각하고 행동하지 못한다면 행동 중심의 목표를 설정해 구체적인 행동을 이끌어내야 한다. 경우에 따라서는 행동을 매뉴얼 수준으로 상세하게 정해놓고, '몇 분 이내에 이 행동을 끝낸다'라는 식의 시간제한도 두어야 한다.

만약 팀원이 스스로 생각하고 행동할 수 있다면 의미 중심의 목표나 성과 중심의 목표를 선택해야 쉽게 성과를 낼 수 있다. 의미나 성과 중심으로 목표를 설정하면 상황에 따라 임기응변으로 유연하게 대응할 수 있기 때문이다.

회사나 직장에서는 물론 외부 프로젝트 팀에서, 학교 동아리나 동호회에서, 가족이나 친구끼리 움직일 때 팀으로서 성과를 최대화하고 싶다면, 지금까지 설명한 세 가지 목표 설정 방법의 특징을 이해하고 가장 적절한 것을 선택해야 한다. 목표를 얼마나 구체적으로 혹은 추상적으로 정할지, 세 가지 유형을 어떻게 적당히 혼용할지 등은 구성원의 능력에 따라 달라질 것이다.

행동의 구체성

창조적인
돌파구 제시 가능성

작다

크다

의미 목표

예) 전국에 존재하는 팀의
역량을 높인다.

성과 목표

예) 10만 부를 판매한다.

행동 목표

예) 사례를 섞어가며 팀의 법칙을
알기 쉽게 전달하는 책을 만든다.

크다

작다

의미가 없으면
작업과 숫자의
노예가 된다

비즈니스에서 중시하는 목표 설정은 시대에 따라 행동 목표 → 성과 목표 → 의미 목표 순으로 변화해왔다. 이는 많은 기업에서 직원을 대상으로 6개월~1년에 한 번씩 실시하는 목표 설정과 인사 평가의 트렌드를 살펴보면 알 수 있다.

예전에 일본 기업에서는 행동 목표에 기반한 '반성형 평가'가 주류를 이루었다. 초등학교 성적표가 반성형 평가의 대표 격으로, 가장 많은 사람들에게 친숙한 예일 것이다. 성적표에는 '수업 시간에 발표를 잘한다', '인사를 잘한다', '주변 정리를 잘한다', '친구들과 사이좋게 지낸다' 등 공통 행동 목표가 설정되어 있다.

그리고 학기말에 그 목표를 달성했는지 돌이켜보고 '잘함', '보통', '노력 바람' 등으로 평가한다. 이와 마찬가지로 기업에서도 직원의 역할과 지위에 알맞은 행동 목표를 설정하고, 그에 대해 평가를 실시해왔다.

과거 고도 경제성장기에 일본에서는 '싸고 좋은 물건을 신속하게 만들어 공급한다'라는, 비즈니스에 유리한 공식이 거의 고정되어 있었다. 당시에는 이 공식을 바탕으로 '미리 정해놓은 행동을 완벽히 수행해내는 팀'을 구성하는 일이 중요했다. 따라서 행동 목표 또한 중시될 수밖에 없었다. 그러나 비즈니스 환경이 급속도로 변화하는 오늘날에는 행동 목표를 토대로 한 평가만으로는 성과를 올리기가 어렵다. 성공을 거둔 공식이 하루가 멀다 하고 진부해지는 상황에서는 팀이나 구성원이 취해야 할 행동 역시 시시각각 변화하기 때문이다.

이런 배경 아래 1990년대 이후 성과 목표에 기반한 'MBO'가 보급되었다. MBO는 'management by objectives', 즉 '목표 관리'의 약칭이다. MBO 아래서는 팀에 주어진 성과 목표를 각 구성원에게 할당한다. 성과 목표는 가능한 한 정량적으로 설정하고, 정기적으로 성과 목표 달성도를 측정해 평가한다. 이를 통해 각 구성원이 성과를 창출하기 위해 취해야 할 행동을 본인 책임하에 선택할 수 있게 되었다. 이렇듯 성과를 창출하기 위해 필요한 행동을 구성원 스스로 고민하게 됨으로써 비즈니스 환경 변화에

능동적으로 대응할 수 있었다.

그러나 지금은 변화 속도가 더욱 빨라지고 있다. 기업에 따라서는 팀마다 설정한 성과 목표가 6개월 내지 1년 내에 쓸모없어질 수도 있는 시대가 되었다. 그래서 보급되기 시작한 것이 의미 목표를 토대로 만든 'OKR'이다. OKR은 'objectives and key results'의 약칭으로 '목표 및 핵심 결과 지표'를 가리킨다. 세계적인 반도체 기업 인텔의 전 CEO 앤디 그로브(Andy Grove)가 창시한 이 개념은 실리콘밸리의 IT 기업과 일본의 일부 기업이 도입하고 있다.

OKR에서는 '창출해야 하는 의미(key results)'와 '실현해야 할 의미(objectives)'를 포함해 목표를 설정한다. 창출해야 하는 의미에서는 팀의 성과 목표를 설정하고, 실현해야 할 의미에서는 성과 목표보다 앞서 팀의 의미 목표를 설정한다. 여기서 가장 중요한 것은 의미 목표다. 목표를 실현하는 데 효과적이라고 판단하면 성과 목표를 바꾸는 것도 가능하다. 경영 환경이 급격히 변화하는 지금 시대에는 각 팀의 의미를 돌아보고, 때로는 성과 목표의 관점이나 수준을 재검토할 필요가 있다.

팀의 행동 목표만 설정한다면 구성원은 '작업'의 노예가 될 수도 있다. 그렇다고 성과 목표만 설정한다면 구성원은 '숫자'의 노예가 되고 만다. 안타깝게도 많은 팀이 의미 목표의 중요성을 충분히 인식하지 못하고 있다. 의미 목표를 설정함으로써 팀원들은 자신이 창출해야 할 성과와 취해야 할 행동에 대해 자신만의 생각과 의견을 품게 된다. '무엇을 해야 하는가?'라는 물음뿐 아니라 '왜 해야 하는가?'라는 물음에도 답할 수 있다면, 팀에서 자신이 해야 할 일을 스스로 찾아낼 수 있다.

예를 들어 당신이 맥주 회사의 영업 팀에 소속되어 있다고 하자. 팀의 성과 목표는 매출 1,000만 엔이다. 이러한 숫자 중심의 성과 목표만 있다면 '어느 마트와 어느 식당에 몇 번 방문한다'라는 식의 행동만 설정될 뿐이다. 여기에 자신만의 의미 목표를 더하면 어떻게 될까? 맥주 판매를 통해 최종 소비자에게 제공하고 싶은 가치가 '고객이 행복한 시간을 보내는 데 이바지하기'라면 그것을 의미 목표로 삼아도 좋다.

그러면 팀원들은 최종 소비자에게 '맥주 맛있게 마시는 방법'을 소개하는 광고를 제안할지도 모른다. 또 식당에는 맥주에 잘 어울리는 계절 메뉴를 제안할 수도 있다. 의미 목표는 이처럼 창조적인 돌파구를 찾아내는 계기가 된다.

현대사회는 팀이 무엇을 위해 존재하고 세상에 어떤 영향을 주어야 하는지 등 의미 목표가 중요한 시대다. 모든 구성원이 의미 목표의 영향력을 인식하고 자발적으로 행동해 성과를 높일 때 바람직한 팀이 될 수 있다.

의미 목표 = OKR(objectives and key results)

실현해야 할 의미 (objectives)	창출해야 할 성과 (key results)	실적
중점 상품을 통한 사업 구조의 개혁	신규 계약 1,000만 엔	신규 계약 900만 엔 달성률 90%
	중점 상품 A를 3개 회사에 판매	중점 상품 A를 2개 회사에 판매 달성률 66.7% + 중점 상품의 판매 수법 설계 + 중점 상품의 사례 자료 작성

'의미'에서 거꾸로 거슬러 생각해
'행동'과 '성과'를 촉진한다.

성과 목표 = MBO(management by objectives)

목표 (objectives)	실적
신규 계약 1,000만 엔	신규 계약 900만 엔 달성률 90%
중점 상품 A를 3개 회사에 판매	중점 상품 A를 2개 회사에 판매 달성률 66.7%

행동 목표 = 반성형 평가

목표	실적
오류 없이 업무에 임하고 있다.	○
계획적으로 업무를 추진하고 있다.	△
팀워크를 중요하게 여기며 행동하고 있다.	○
상사에게 적절히 보고하고 있다.	×

세계를 놀라게 한 7분의 기적

그렇다면 목표 설정의 법칙을 구체적으
로 활용할 수 있는 방법은 무엇일까? 하버드대학교 비즈니스
스쿨에서 '7분의 기적(7-minute Miracle)'이라는 제목으로 연구 대
상으로 삼았던 팀 변혁 사례가 있다. 바로 일본의 고속열차 'JR
히가시니혼 테크노하트 TESSEI'에 소속된 신칸센 청소원들의
이야기다.

여기서 '7-minute(7분)'이란 신칸센이 정차하고 나서 청소원
들이 탑승해 청소를 끝낼 때까지 걸리는 시간을 가리킨다. 이
사례가 주목받은 이유는, 단 7분 동안 그들이 10~16량짜리 열

차 안에서 벌이는 청소 퍼포먼스가 너무나 놀랍기 때문이다. 원래 신칸센 청소 팀에는 확실한 목표가 설정되어 있지 않았다. 사람에 따라 청소 수준도 제각각이었고, 신칸센이 출발할 때 고객에게 하는 인사도 통일되어 있지 않아 각자 마음대로 건성건성 인사하곤 했다. 청소원 중에는 친척이나 가족에게 직업을 비하하는 말을 듣고 자신의 일에 자부심을 가지지 못하거나, 직업이 주변 사람들에게 알려질까 봐 걱정하는 사람도 있었다. 한창 청소를 하고 있을 때 승객이 자신의 아이에게 "공부 못하면 나중에 저런 사람 된다"라고 말하는 것을 듣기도 했다. 그런 환경에서 당연히 팀의 성과가 낮을 수밖에 없었다.

이를 해결하기 위해 신칸센 청소 팀은 '신칸센 극장의 배우로서 승객에게 감사와 감격을 전하자'라는 새로운 의미 목표를 설정했다. 그리고 성과 목표를 '7분 동안 승객에게 따스한 추억을 만들어준다'로, 행동 목표를 '산뜻하게, 편안하게, 따스하게'로 설정했다. 신칸센을 일본의 기술력을 보여주는 훌륭한 극장으로 자리매김하도록 만든 것이다. 또 청소원은 단순한 청소 노동자가 아니라, 승객이 신칸센의 기술력을 실감하도록 하는 과정에서 중요한 역할을 담당하는 배우라는 사실을 스스로 깨닫도록 했다.

놀랍게도 이전까지 기계적으로 열차를 청소하던 청소 노동자들의 태도가 완전히 달라졌다. 22명이 팀을 이뤄 7분 동안 약

1,000개의 좌석을 완벽히 청소할 수 있게 된 것이다. 이들이 승객을 묵례로 맞이하는 모습, 플랫폼에서 승차를 기다리는 사람들에게 한 줄로 서서 인사하는 모습, 출발하는 신칸센을 향해 머리 숙여 배웅하는 모습 등은 보는 사람에게 감동을 전해주기도 한다. 이 모습을 보던 승객들 사이에서 박수가 터져 나오는 이유다.

한편 청소원들은 '신칸센 극장'을 흥행시키기 위한 다양한 아이디어를 주체적으로 제안한다. 여름에 알로하셔츠나 유카타를 입자는 아이디어나 머리에 벚꽃, 히비스커스꽃 같은 계절감이 느껴지는 장식을 달자는 아이디어 등은 모두 이들의 머리에서 나온 것이다. 그 외에 빗자루나 쓰레받기 같은 용구를 수납할 수 있는 가방 메기, 분실물을 회수하고도 분실물 센터에 늦게 신고하는 일을 방지하기 위해 작은 종 매달기 등 다양한 아이디어가 나왔다.

신칸센 극장에 대한 입소문이 퍼지면서 미국과 유럽 여러 나라의 철도 행정 관계자들이 일본을 방문했다. 프랑스 철도청장은 "시스템도 탐나지만 신칸센 청소 팀이 더욱 탐난다"라고 말하기도 했다. 이는 의미 목표와 성과 목표를 설정함으로써 구성원의 창조성을 일깨우고 주체적으로 업무에 임하는 팀으로 변모시킨 사례라고 할 수 있다.

명확한 의미 목표로
신기록을 달성하다

2010년, 오카다 다케시(岡田武史) 감독이 이끄는 일본 축구 대표 팀은 남아프리카공화국 월드컵에서 사상 첫 원정 16강 진출을 달성했다.

사실 월드컵 지역 예선 당시만 해도 대표 팀의 분위기는 그다지 좋지 않았다. 선수들은 공을 향해 적극적으로 달려들지 않았고, 팀이 지고 있을 때도 자신의 역할만 해내면 그만이라는 의식이 팽배했다. 그런 팀이 경기에서 이길 턱이 없었다.

그래서 오카다 감독은 '일본 축구 역사상 이루어낸 적 없는 성과를 남긴다'라는 의미 목표를 설정했다. 그에 따른 성과 목표로는 '월드컵 4강 진출'을 내세웠다. 그리고 이를 실현하기 위한 행동 목표로 ①즐겨라(enjoy), ②스스로 해라(our team), ③이기기 위해 최선을 다해라(do your best), ④지금 눈앞에 있는 일에 집중해라(concentration), ⑤늘 도전해라(improve), ⑥먼저 인사해라(communication) 등 여섯 가지 지침을 정했다.

그런 다음에는 모든 선수에게 하얀 종이를 나눠주고 윗부분에 '월드컵 4강'이라고 쓰게 했다. 그리고 아래에는 '이 목표를 이루기 위해 어떤 팀이 되어야 하는가? 그 팀에서 자신은 어떤 역할을 맡아야 하는가? 그러기 위해서는 1년 후 어떻게 되어야 하는가? 그리고 날마다 무엇을 해야 하는가?'라는 질문에 대한 답을 쓰도록 했다.

그러자 선수들 사이에서는 '그렇게 안이하게 패스해서야 4강에 오를 수 있겠어?', '밤에 술을 마셔서야 4강에 오를 수 있겠어?', '조금만 부딪혀도 몸싸움에서 밀려 그라운드에 넘어져서야 4강에 오를 수 있겠어?'라는 식으로 목표를 의식하는 생각이 싹텄다. 또 4강이라는 명확한 목표를 공유하자 막연하게 경기를 이어가던 데서 벗어나 각 플레이에 대한 집중력이 높아졌다.

선수들이 자발적으로 회의를 열어 서로의 플레이에 대한 의견을 허심탄회하게 이야기하는 일도 늘어났다. 위기를 맞았을 때도 적극적으로 의견을 나누게 되자, 축구에서는 좀처럼 뒤집기 어려운 2점 차 경기도 종종 승부를 뒤집을 만큼 성장했다. 그 결과 대표 팀은 월드컵 경기에서 비록 4강에는 들지 못했지만 첫 원정 16강 진출이라는 기록을 세울 수 있었다. 목표 설정의 법칙으로 팀의 성과가 극대화된 것이다.

다시 말하지만 성과는 목표 설정에 크게 좌우된다. 만약 당신의 팀이 외부에서 주어진 목표만 막연히 좇는다면 목표를 재검토해야 한다. 목표를 적절하게 설정하지 않는다면 팀원이 기울이는 온갖 노력이 쓸모없어질 수도 있다. 이때 중요한 것은 팀 활동의 의미를 확실히 설정하는 일이다. '우리 팀은 무엇을 위해 존재하는가?', '업무를 하고 실적을 올리면서 결국 무엇을 실현하고 싶은가?'라는 물음에 답하도록 해야 한다.

활동의 의미를 명확히 언어화해야 팀원들이 비로소 자주성과 창조성을 발휘한다. 그래야 의미에서 거꾸로 거슬러 올라가 해야 할 일과 하지 말아야 할 일을 스스로 생각하고 찾아내는 팀으로 탈바꿈할 수 있다. 이 과정이야말로 지금까지 찾지 못했던 창조적인 돌파구를 보여줄 것이다.

☐ 팀 활동의 의미가 명확한가?

☐ 팀이 창출해야 할 성과가 명확한가?

☐ 팀이 수행해야 할 행동이 명확한가?

☐ 팀 활동의 의미, 창출해야 할 성과, 수행해야 할 행동이 적절히 연관되어 있는가?

☐ 팀 활동의 의미, 창출해야 할 성과, 수행해야 할 행동을 항상 의식하고 있는가?

B

boarding

구성의 법칙

: 함께할 동료를 결정하라

【boarding】
탑승, 승선, 승차

누구와
한배를
탈 것인가

      '목적지'를 정했다면 그다음으로 정해야 할 것은 '승무원'이다. '무엇을 할지'도 중요하지만, '누구와 할지'도 성공 여부를 좌우하는 중요한 선택이다. 세계적인 베스트셀러 『좋은 기업을 넘어 위대한 기업으로(Good to Great)』에서 저자 짐 콜린스(Jim Collins)는 '누구를 버스에 태울 것인가?'라는 질문이 기업 경영에서 가장 중요한 부분이라면서, '먼저 사람을 선정하고 그다음에 목표를 정해야 한다'라고 주장한 바 있다.

    링크 앤드 모티베이션의 창업자이자 대표 오자사 요시히사 (小笹芳央)도 이런 말을 한 적이 있다.

"채용은 와이셔츠의 첫 번째 단추다. 첫 번째 단추를 잘 꿰었다고 해서 다른 단추까지 잘 꿴다는 보장은 없다. 하지만 첫 번째 단추를 잘 꿰지 못하면 아무리 노력해도 다른 단추를 잘 꿸수 없다. 그와 마찬가지로 채용을 잘하지 못했다고 해서 조직이 잘 안 돌아간다고 할 수는 없지만, 채용에 실패하면 다른 시책으로 만회하기 힘들다."

채용이 중요한 것처럼 팀 구성원을 선정하는 일은 매우 중요하다. 그 팀에 속한 모든 사람에게 큰 영향을 미치는 행위이기 때문이다. 직장의 구성원은 회사가 채용하지만, 프로젝트의 구성원은 회사 내 제한된 인력 중 골라야 한다. 또 직장 내에서 업무를 완결하지 못하면 다른 회사에 업무를 발주해야 하는데, 이때 어떤 기업에 의뢰할지 정하는 것도 구성원을 선정하는 일에 해당한다. 동아리나 동호회는 물론, 가족이나 친구끼리 여행을 갈 때나 지역 커뮤니티 활동을 할 때도 구성원을 선정해야 한다.

구성원 선정이라는 말의 의미에는 '필요한 사람을 버스에 태우기'는 물론 '필요 없는 사람을 버스에서 내리게 하기'도 포함된다. 팀의 상황이 바뀌면 특정 구성원은 팀을 떠나도록 하는 편이 팀에나 그 구성원에게나 좋은 일이다. 2장에서는 팀의 성공 여부를 좌우할 최적의 팀 구성 전략을 알아보자.

당신의 팀은
네 가지 유형 중
어느 쪽입니까

구성원 선정에 대한 이야기를 나누기 전에, 팀의 법칙에 공통으로 적용되는 중요한 전제를 공유하고자 한다. 우선 많은 사람이 품기 쉬운 팀에 대한 잘못된 인식을 하나 더 살펴보자.

'팀 구성 방법에는 절대적인 정답이 있다.'

이는 특정 방법을 적용하면 완벽한 팀을 구성할 수 있다는 식의 정답이 존재한다는 오해에서 비롯된다. 하지만 팀을 구성하는 데 있어 유일하고 절대적인 답은 없다. 팀이 발휘해야 하는 기능이나 역량은 팀이 놓인 환경, 그리고 임하는 활동에 따라 다르기 때문이다. 이 책의 목적은 특정 방법을 절대적인 정답으로 밀어붙이는 것이 아니라, 독자가 각자 속한 팀 상황에 맞는 방법을 고민하고 선택하도록 돕는 것이다.

여기에서는 자신의 팀에 맞는 접근법을 찾아낼 수 있도록 팀을 네 가지 유형으로 나누고자 한다. 이러한 분류는 이 책에서 줄곧 활용할 내용이므로 꼭 기억해두기 바란다.

팀의 유형을 분류하는 첫 번째 축은 '환경의 변화 정도'다. 환경이 얼마나 변화하느냐에 따라 유형을 분류할 수 있다. 두 번째 축은 '구성원의 협력 정도'다. 구성원이 어느 정도 협력하느냐에 따라 팀의 유형을 분류할 수 있다. 이 두 축을 조합하면 총 네 가지 유형으로 팀을 분류할 수 있다. 연상하기 쉽도록 스포츠 팀에 빗대어보자.

스포츠 팀에서 환경의 변화 정도는 주로 '상대 팀의 작전이나 행동이 자기 팀에 영향을 미치는 정도'를 가리킨다. 좀 더 쉽게 설명하면, 상대 팀 선수와 빈번하게 신체를 접촉하는 스포츠는 환경의 변화 정도가 크고, 접촉이 적은 스포츠는 환경의 변화 정도가 작다고 파악하면 된다. 신체 접촉이 많으면 시시각각 달라지는 상대방의 움직임, 즉 환경 변화에 맞게 자신들의 움직임도 바꿔야 한다. 반대로 신체 접촉이 적으면 상대방의 움직임, 즉 환경 변화에 신경 쓸 필요가 별로 없다.

예를 들어 유도 단체전이나 축구는 다른 팀 선수와 신체 접촉이 많으므로 환경의 변화 정도가 크다고 할 수 있다. 반면 이어달리기나 야구는 다른 팀 선수와 신체 접촉이 적으므로 환경의 변화 정도가 작다고 할 수 있다.

한편 스포츠 팀에서 구성원의 협력 정도는 주로 '같은 팀 선수끼리 협력이 필요한 정도'를 가리킨다. 같은 팀 선수와 같은 시간에 함께 경기하는 스포츠는 구성원의 협력 정도가 크고, 같은 시간에 함께 경기하지 않는 스포츠는 구성원의 협력 정도가 작다고 이해하면 된다. 예를 들어, 축구와 야구는 같은 팀 선수와 같은 시간에 함께 경기하므로 구성원의 협력 정도가 크다고 할 수 있다. 반면 유도 단체전과 이어달리기는 같은 팀 선수와 같은 시간에 함께 경기하지 않으므로 구성원의 협력 정도가 작다고 할 수 있다.

환경의 변화 정도와 구성원의 협력 정도라는 두 가지 축에 따른 분류를 조합하면, '환경의 변화 정도 작음×구성원의 협력 정도 작음'을 이어달리기형 팀, '환경의 변화 정도 큼×구성원의 협력 정도 작음'을 유도 단체전형 팀, '환경의 변화 정도 작음×구성원의 협력 정도 큼'을 야구형 팀, '환경의 변화 정도 큼×구성원의 협력 정도 큼'을 축구형 팀이라고 할 수 있다.

이제 네 가지 팀 유형을 비즈니스에 적용해보자. 우선 이어달리기형 팀을 생각해보자. 환경의 변화 정도와 구성원의 협력 정도가 모두 작은 이어달리기형에 해당하는 팀으로는 공장의 생산 팀을 들 수 있다. 공장에서는 중·장기적 관점에서 생산 계획을 세우는 경우가 많고, 단기적으로 상황이 급격히 바뀌는 경우는 거의 없다. 따라서 환경의 변화 정도가 작은 팀이라고 할 수 있다. 또 컨베이어 벨트를 타고 흘러가는 부품을 조립하는 업무는 각자 담당하는 공정이 매우 명확하므로 옆 직원과 밀접하게 소통하지 않아도 업무를 원활하게 진행할 수 있다. 그러므로 크게 협력할 필요가 없다.

한편 환경의 변화 정도는 크고 구성원의 협력 정도가 작은 유도 단체전형은 어디에 해당할까? 대표적으로 보험회사 영업 팀을 들 수 있다. 보험 영업은 성별과 나이가 다른 매우 다양한 고객에게 보험 플랜을 제안하고 설명하며 계약을 성사시키는 일이다. 이 과정이 하나의 사이클이 되어 유연하게 반복된다. 따라서 환경의 변화 정도가 큰 팀이라고 할 수 있다. 그러나 고객 방문, 제안, 계약에 이르는 사이클을 한 명의 영업 직원이 모두 담당하는 경우가 많으므로 구성원의 협력 정도는 작은 팀이라고 할 수 있다.

다음으로 야구형을 보자. 환경의 변화 정도가 작고 구성원의 협력 정도가 큰 야구형으로는 식당을 들 수 있다. 식당의 입지나 인테리어는 한번 정하면 갑자기 바꾸는 것이 거의 불가능하다.

팀의 네 가지 유형

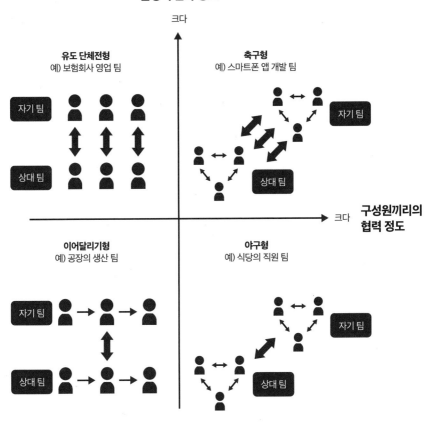

환경의 변화 정도

크다

유도 단체전형
예) 보험회사 영업 팀

자기 팀

상대 팀

축구형
예) 스마트폰 앱 개발 팀

자기 팀

상대 팀

크다 **구성원끼리의 협력 정도**

이어달리기형
예) 공장의 생산 팀

자기 팀

상대 팀

야구형
예) 식당의 직원 팀

자기 팀

상대 팀

그러니 환경의 변화 정도는 작은 팀이라고 할 수 있다. 식당에서는 주방, 홀, 계산대 등의 직원이 한 몸이 되어야 서비스를 제공할 수 있다. 따라서 구성원의 협력 정도가 큰 팀이라고 할 수 있다.

마지막으로 환경의 변화 정도와 구성원의 협력 정도가 모두 큰 축구형 팀이 있다. 스마트폰 앱 개발 팀이 여기에 해당한다. 이는 순위나 트렌드가 시시각각 달라지는 매우 변화무쌍한 분야다. 따라서 환경의 변화 정도가 큰 팀이다. 또 기획자, 개발자, 디자이너 등이 밀접하게 협력하면서 개발을 진행해야 하므로 구성원의 협력 정도도 큰 팀이라고 할 수 있다.

예전에는 기업들이 '신규 대졸자 일괄 채용, 연공서열, 종신 고용' 등 어느 산업, 어느 분야에서나 통하는 기준을 바탕으로 조직을 꾸렸다. 모든 기업이 꾸준한 성장을 지속하던 성장기에는 이것이 절대적인 답이 될 수 있었다. 하지만 고도 경제성장기가 끝난 지금은 기업마다 각자의 상황에 가장 잘 맞는 조직을 꾸려야 한다.

마찬가지로 팀을 꾸릴 때도 팀에 맞는 접근법을 선택하는 것이 중요하다. '팀 구성에 절대적인 정답이 있다'가 아니라, '팀의 업무와 특성에 따라 가장 적합한 구성 방식이 달라진다'는 전제 하에 구성원을 어떻게 선정할지 논의해야 한다. 이제부터는 자신이 속한 팀이 어느 유형에 가까운지 헤아려보면서 내용을 읽어나가자. 그러면 이 책에서 말하는 팀의 법칙을 더욱 깊이 이해할 수 있을 것이다.

팀원이
수시로 바뀌는 상황,
나쁜 것만은 아니다

팀에 대해 많은 사람들이 품고 있는 오해 가운데 다음과 같은 것이 있다.

'구성원이 바뀌지 않는 팀이 좋은 팀이다.'

이처럼 구성원이 팀을 떠나는 것을 부정적으로만 여기는 사람이 많다. 과연 구성원이 자주 바뀌는 것은 팀에 정말로 좋지 않은 일일까? 그 답은 각 팀의 유형에 따라 달라진다. 앞서 소개한 팀의 네 가지 유형을 바탕으로 생각해보자.

팀에서 구성원을 선정할 때 고민해야 할 부분은 '입구'와 '출구'다. '입구'는 팀에 구성원을 가담시키는 타이밍과 방법을, '출구'는 팀에서 구성원을 내보내는 타이밍과 방법을 뜻한다. 구성원을 선정할 때는 팀의 유형을 분류하는 한 축인 환경의 변화 정도에 따라 입구와 출구 가운데 어느 쪽을 중시할지 정해진다.

만약 환경의 변화 정도가 작다면 구성원을 선정할 때 입구를 중시하는 편이 좋다. 환경의 변화 정도가 작다는 것은 상황에 따라 구성원을 자주 교체할 필요가 없다는 뜻이기 때문이다. 그렇다면 입구에서 구성원을 꼼꼼하게 엄선하고, 그렇게 선정한 팀원이 장기간에 걸쳐 고정적으로 활동하도록 하는 편이 팀 전체의 성과를 높이는 데 효과적일 것이다.

앞에서 말했듯 야구는 환경의 변화 정도가 상대적으로 작은 스포츠다. 야구는 다른 스포츠에 비해 상대 선수와 신체 접촉할 일이 적다. 신체 접촉이라고 해봐야 홈플레이트에서 주자와 포수가 충돌하는 등 일부 경우에 국한된다. 물론 상대 팀이 던진 공을 때리고 그 공을 상대 팀이 잡는 경기이기 때문에, 상대 팀의 작전과 행동에 영향을 받을 수밖에 없다. 그러나 직접적으로 상대 팀과 몸으로 부대끼는 유도나 축구에 비하면 신체 접촉 정도는 작다고 할 수 있다.

일본 프로야구 구단인 요미우리 자이언츠는 9년 연속 일본 시리즈 우승을 차지한 바 있다. 그런데 그 9년 동안 요미우리 자이언츠의 주전 선수는 거의 달라지지 않았다. 우승한 첫해(1965년)와 마지막 해(1973년)의 주전 선수를 비교해봤을 때 바뀐 선수는 단 4명뿐이었다. 이는 환경의 변화 정도가 작은 경우에는 입구에서 엄선한 구성원으로 장기간에 걸쳐 고정적으로 활동하도록 하는 편이 팀 성과에 좋다는 사실을 보여주는 사례라고 할 수 있다.

한편 환경의 변화 정도가 크다면 구성원을 선정할 때 출구를 중시하는 편이 좋다. 환경의 변화 정도가 크다는 것은 상황에 따라 구성원을 교체할 필요가 있다는 뜻이기 때문이다. 이 경우에는 입구 문턱을 다소 낮춰 구성원을 넉넉하게 받아들인 후, 성과가 높은 구성원을 남기고 성과가 낮은 구성원을 내보내는 형태로 팀을 구성해야 전체 성과를 높이는 데 도움이 된다.

환경의 변화 정도가 큰 스포츠로 축구를 들 수 있다. 축구는 다른 스포츠에 비해 상대 팀 선수와 신체 접촉이 많다. 따라서 축구 팀은 시시각각 달라지는 상대 팀의 움직임에 맞춰 유기적으로 대응해야 한다. 예를 들어 국가 대표 축구 팀은 월드컵 예선과 본선에서 각각 다른 작전을 세워 경기에 임한다. 출전 선수를 완전히 교체하는 경우도 있다. 이는 예선과 본선에서 맞붙는 상대의 특징이 완전히 다르며, 그에 따라 팀의 작전과 구성원을 바꾸어야 승률을 높일 수 있기 때문이다. 이는 환경의 변화 정도가 큰 상황에서는 입구 문턱을 낮추고, 상황에 따라 구성원을 바꾸는 것이 목표 달성에 유리하다는 사실을 보여주는 사례라고 할 수 있다.

이처럼 구성원이 자주 바뀌는 팀을 반드시 나쁜 팀이라고 말할 수는 없다. 환경 변화의 속도가 빠른 상황에서는 팀원을 구성하는 데도 일정한 순환이 필요하다.

현실에서는 입구와 출구의 문턱을 높여 고정적인 구성원으로 팀을 만드는 것과 문턱을 낮춰 유동적인 구성원으로 팀을 만드는 것 중 어느 한쪽 방법을 딱 잘라 채택하기는 힘들다. 그렇기 때문에 특정 방법만 전적으로 채택하기보다는 두 방법을 각팀의 사정에 맞게 잘 혼합해서 활용하는 경우가 많다. 두 방법을혼합하는 방식 역시 팀의 특성에 따라 달라진다.

만약 당신의 팀이 입구를 중시한다면, 구성원 선정 과정에서면접 횟수를 늘리거나 합격률을 낮추는 등 팀에 합류하는 절차를 엄격하게 관리해야 할 것이다. 반대로 출구를 중시한다면, 장기 고용보다는 단기 고용 계약을 맺거나 구성원을 엄격하게 평가해 인사고과를 시행해야 할 것이다.

이제 자신의 팀이 놓인 상황을 바탕으로 구성원이 고정적인것과 유동적인 것 중 어느 쪽을 어느 정도 비율로 중시할지 판단하자. 이 점을 유념한다면 팀원을 효과적으로 선정할 수 있다.

결론적으로, '구성원이 바뀌지 않는 팀이 좋은 팀이다'라는 말이 반드시 틀렸다고는 할 수 없지만, '상황에 따라서는 구성원이바뀌는 팀이 좋은 팀이다'라고도 할 수 있을 것이다. 신규 대졸자 일괄 채용, 연공서열, 종신 고용 등 정해진 하나의 시스템으로 고정된 조직을 구축해온 기업일수록 팀원을 바꾸는 데 거부감을 느끼는 듯하다. 그러나 상황에 따라서는 구성원이 고정적인 팀보다 유동적인 팀이 환경에 적응하기 쉽다는 사실을 알아두어야 한다.

다양성이
필요하다는
편견을 버려라

　　　　　　　　　　　'다양한 구성원으로 이루어진 팀이 좋은
팀이다.'

　　이것도 많은 사람들이 팀에 관련해 흔히 갖는 생각이다. 뿐만
아니라 '한 명 한 명의 개성을 모두 소중히 여기자'는 말을 자주
듣는다. 과연 하나의 팀에 서로 다른 개성을 지닌 구성원을 끌어
들일 필요가 있을까? 또 팀을 구성할 때 비슷한 유형의 능력을
지닌 구성원을 모집하는 편이 좋을지, 서로 다른 유형의 능력을
지닌 구성원을 모집하는 편이 좋을지를 두고 고민하는 경우가

많다. 이럴 때는 어떻게 하는 것이 좋을까?

이 질문에 대한 답 역시 팀 유형에 따라 달라진다. 만약 구성원의 협력 정도가 작다면 비슷한 유형의 능력을 지닌 구성원을 모집하는 것이 좋다. 구성원들의 협력 정도가 작다는 것은 이들이 각자 맡은 활동을 스스로 완결한다는 뜻이며, 이는 곧 그 활동에 최적화된 비슷한 능력을 지닌 구성원을 모아야 팀 전체의 성과가 커진다는 의미이기 때문이다.

앞에서 말했듯 유도 단체전은 구성원의 협력 정도가 작은 스포츠다. 유도 단체전에서는 상대 팀 선수를 물리치는 활동을 개인별로 담당한다. 공격과 수비로 나눠 팀원이 역할을 분담하는 것이 아니라, 혼자서 모든 것을 감당한다. 그렇다면 공격과 수비를 동시에 할 수 있는, 어느 정도 비슷한 능력을 지닌 강한 선수를 모아야 효과적이다. 각 체급 개인전에서 금메달을 획득한 선수만 모아 단체전 팀을 만든다면 단체전 금메달을 딸 가능성이 매우 높아지는 것이다.

역시 구성원의 협력 정도가 작은 이어달리기는 어떨까? 우수한 기록을 세운 선수들만 모아 팀을 만들면 당연히 승리할 가능성이 높아질 것이다. 이처럼 구성원의 협력 정도가 작은 활동에서는 비슷한 유형의 능력을 지닌 구성원을 모으는 편이 좋다는 사실을 알 수 있다.

한편 구성원의 협력 정도가 크다면 서로 다른 유형의 능력을 지닌 사람들을 뽑는 편이 좋다. 협력 정도가 크다는 것은 여러 구성원이 활동을 분담해서 시행한다는 뜻이다. 각자가 맡은 활동 내용에 따라 요구되는 능력도 달라진다. 이런 경우에는 서로 다른 유형의 능력을 지닌 구성원들이 각자의 특성을 활용해 할당된 활동을 수행해야 팀 전체의 성과가 커진다.

예를 들어 축구는 전원이 역할을 분담해 상대 팀 골대에 공을 넣는 활동을 한다. 구체적으로 말하면 상대 팀의 슛을 막는 선수(수비수), 공을 전방으로 연결하는 선수(미드필더), 공을 상대방 골대에 차 넣는 선수(공격수)가 각자의 역할을 맡아서 수행한다. 각자 자신이 담당하는 영역에서 효과적으로 활동하고, 그 활동을 서로 연계함으로써 성과를 내는 것이다.

이러한 활동에서는 같은 팀이라도 공격과 수비라는 전혀 다른 능력이 요구된다. FC 바르셀로나의 리오넬 메시(Lionel Messi)는 세계 최고의 축구 선수라 일컬어진다. 그러나 메시가 아무리 실력이 뛰어나더라도 그와 같은 선수만 11명 있는 팀은 프로 세계에서 성공할 수 없다.

축구와 마찬가지로 구성원의 협력 정도가 큰 야구를 예로 들면, 투수와 포수에게는 완전히 다른 능력이 요구된다. 이처럼 구성원의 협력 정도가 큰 활동에서는 서로 다른 유형의 능력을 지닌 구성원을 모집하는 것이 좋다고 할 수 있다.

비슷한 유형의 능력을 지닌 구성원으로 팀을 만들지, 서로 다

**구성원끼리의
협력 정도**

↑

크다

**서로 다른 유형의 구성원을 모집한다
= 다양성이 높은 팀**

**비슷한 유형의 구성원을 모집한다
= 균질성이 높은 팀**

작다

른 유형의 능력을 지닌 구성원으로 팀을 만들지, 딱 잘라 결정하기는 힘들다. 이 역시 두 방법을 어떤 비율로 혼합할지 각 팀의 사정에 맞춰 결정해야 한다. 자신의 팀이 놓인 상황에 따라 균질성 혹은 다양성을 얼마나 중시할지 의식하면서 팀을 꾸린다면, 효과적으로 팀원을 조합할 수 있을 것이다.

오늘날 수많은 기업에서 다양성(diversity)의 중요성을 외치고 있다. 조직은 다양한 멤버로 채워지는 것이 좋다는 믿음이 널리 퍼져 있기 때문이다. 하지만 팀 활동의 유형에 따라 다양성이 그다지 필요 없는 경우도 있다. 또 다양성이 필요한 경우라도 무조건 다채로운 능력을 지닌 구성원을 받아들이는 것이 아니라, 팀 활동 유형에 맞는 구성원을 받아들이는 것이 중요하다. 어느 날 문득 팀을 보니 구성원이 지나치게 다양성을 보인다거나 반대로 지나치게 균질성을 띤다고 생각된다면, 일단 팀 구성 기준을 재검토할 필요가 있다.

〈대부〉 같은 팀
vs
〈오션스 일레븐〉 같은 팀

예전에 산업의 중심은 제조업 등의 2차 산업이었다. 그러나 현재는 국내총생산(GDP)의 75% 이상을 서비스업 같은 3차 산업이 차지하게 되었다. 비즈니스 가치의 원천이 하드웨어에서 소프트웨어로 이행하고 있다고 할 수 있다. 제조업의 대표 격인 토요타자동차가 '자동차 회사'가 아닌 '모빌리티 컴퍼니'로 전환하겠다는 선언 아래 변혁을 외치는 등 제조업 자체도 소프트웨어화와 서비스화가 진행되고 있다.

하드웨어형 비즈니스는 개발, 제조, 물류, 판매 등의 비즈니스 프로세스가 이어달리기처럼 각자의 역할로 명확히 분류되며,

상류 공정에서 하류 공정으로 작업이 전개된다. 제조사의 공장에서 제조 부문과 판매 부문의 구성원이 일상적으로 소통할 기회는 좀처럼 없을 것이다.

한편 소프트웨어형 비즈니스는 개발, 제조, 물류, 판매 등의 비즈니스 프로세스가 축구처럼 일체화되어 있다. 같은 팀 내에서 비즈니스 프로세스는 수시로 순서를 바꿔가면서 서로 밀접한 관련을 맺는 경우가 많다. 예를 들어, 스마트폰 앱 개발 현장에서는 기획자와 개발자가 항상 활발하게 의견을 주고받는다.

이어달리기에 빗댈 수 있는 하드웨어형 비즈니스의 경우 팀이 균질한 구성원을 갖추어도 괜찮지만, 축구에 빗댈 수 있는 소프트웨어형 비즈니스의 경우에는 하나의 팀 내에 다양한 인재를 두어야 한다. 비즈니스 환경은 나날이 빠르게 변하고 있다. 예전에는 상품이 한번 인기를 끌면 최소 몇 년 동안, 경우에 따라서는 수십 년 동안 꾸준히 판매되곤 했다. 그러나 지금은 한번 인기를 끈 상품이 다음 해에 전혀 팔리지 않는 일이 허다하다. 비즈니스 사이클이 점점 짧아지고 있는 것이다.

따라서 이어달리기처럼 환경 변화가 작은 비즈니스라면 팀원을 바꾸지 않고 지속적으로 활동해도 괜찮지만, 축구처럼 환경 변화가 큰 비즈니스라면 때때로 팀 구성에 변화를 주면서 활동해야 한다.

이처럼 비즈니스가 소프트웨어화되고 비즈니스 사이클이 단축되면서 수많은 팀이 이어달리기형에서 축구형으로 이행하고 있다. 다시 말해 팀에 획일적인 구성원을 갖추는 것보다 다양한 구성원을 갖추는 것이, 팀 구성원을 고정화하는 것보다 유동화하는 것이 더욱 필요해졌다는 뜻이다.

세간에는 다양성의 중요성을 외치는 목소리가 커지고 있다. 다양성이란 현시대가 조직에 요구하는 바를 상징하는 단어라고 할 수 있다. 앞서 언급했듯이 대부분의 일본 기업은 오랫동안 '신규 대졸자 일괄 채용, 연공서열, 종신 고용'이라는 시스템으로 조직을 운영해왔다. 결과적으로 그 조직 안에 있는 팀은 매우 획일적이고 고정적인 구성원으로 이루어질 수밖에 없었다. 영화에 빗대자면 〈대부(The Godfather)〉 같은 팀이다. 이 영화에 등장하는 마피아는 멤버의 탈퇴가 금지되어 있는 고정적인 팀이다. 또 똑같이 검은 양복을 입은 모든 남성 구성원들이 보스에게 충성을 맹세한다. 각자의 개성이 드러나지 않는 획일적인 팀이라고 할 수 있다.

반면 영화 〈오션스 일레븐(Ocean's Eleven)〉에서는 프로젝트가 생길 때마다 구성원을 소집한다. 이때 각자가 특기를 지닌 개성 있는 구성원을 조합함으로써 팀 전체의 성과를 창출한다. 프로젝트가 끝나면 팀은 해산한다. 그야말로 유동성과 다양성을 겸비한 팀이라고 할 수 있다. 지금 같은 시대에는 〈대부〉가 아니라 〈오션스 일레븐〉 같은 팀이 필요하다.

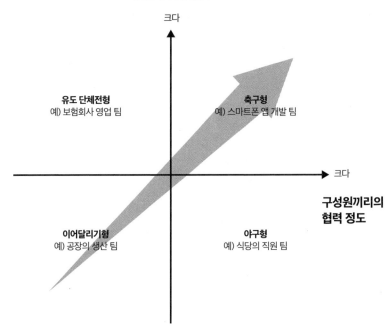

환경의 변화 정도

크다

유도 단체전형
예) 보험회사 영업 팀

축구형
예) 스마트폰 앱 개발 팀

크다

구성원끼리의
협력 정도

이어달리기형
예) 공장의 생산 팀

야구형
예) 식당의 직원 팀

CASE
STUDY

멤버의 유동성 덕분에
성공한 아이돌 AKB48

2012년, 일본의 여자 아이돌 그룹 AKB48 은 이전까지 여성 그룹 최다 음반 판매 기록이던 스피드(SPEED) 의 1,954만 6,000장을 뛰어넘어 여성 그룹 1위로 올라섰다. 그 후로도 AKB48은 음반 판매 기록을 꾸준히 늘려나가 2018년에 는 여성 아티스트 중 단연 1위인 5,000만 장을 돌파했다.

AKB48이 이렇게까지 막대한 음반 판매 기록을 세운 이유는 무엇일까? 인기가 많다거나 팬과의 밀접한 관계를 활용한 판매 방법 등 여러 가지 요인을 들 수 있겠지만, 나는 무엇보다 멤버 의 '유동성'이 일등 공신이라고 생각한다.

원래 아이돌 그룹은 데뷔할 때 구성한 멤버 그대로 활동을 지속하는 것이 일반적이다. 이따금 멤버가 탈퇴해서 인원이 줄어드는 경우는 있어도, 멤버가 교체되는 일은 별로 없다. 일본에서 인기가 많았던 아이돌 그룹 스피드는 노래도 잘하고 춤도 잘 추는 훌륭한 멤버로 이루어졌지만, 일부 멤버가 탈퇴 의향을 보이면서 결국 해체되고 말았다. 활동 기간은 겨우 3년 반 남짓이었다.

반면 AKB48은 유동성을 시스템에 도입한 최초의 아이돌 그룹이었다. 멤버들은 당연하다는 듯 '졸업'이라는 형태로 그룹을 나갔고, 1기생, 2기생… 식으로 새로운 멤버가 정기적으로 가입해 탈퇴 멤버의 자리를 채웠다. 즉 끊임없이 순환이 이루어지는 식이었다. AKB48이 약 10년이라는 장기간에 걸쳐 활동을 유지·지속해왔다는 사실은 음반 판매 1위라는 기록을 세울 수 있는 토대가 되었다. 이는 기존 구성원의 상황에 변화가 생기더라도 멤버를 순환시켜 꾸준히 대응해온 결과라고 할 수 있다.

다시 말하지만 '무엇을 할지' 만큼이나 '누구와 할지'도 팀의 성공 여부를 좌우하는 중요한 선택이다. 만약 당신의 팀에서 구성원이 거의 고정되어 있고 스스로도 바뀌려고 하지 않는다면, 팀을 짜는 방식을 재검토할 필요가 있다. 현대는 고도로 발달한 네트워크 사회이며, 사회 전체적으로 인재의 유동성이 높다. 따라서 이전보다 훨씬 간단하게 외부에서 다양한 구성원을 직접 뽑을 수 있게 되었다. 팀 구성원은 누군가가 선정해주는 것이 아니라, 리더가 스스로 찾아내 스카우트하는 것이다. 이를 항상 의식해야만 성과를 내는 팀, 압도적인 시너지를 발휘하는 팀으로 도약할 수 있다.

또 '지금 우리 팀에는 어떤 사람이 필요한가?'라는 질문에 확고한 답과 원칙을 가지고 있어야 팀 빌딩에 성공한다. 팀이 활동하는 의미와 특징을 정확히 이해하고, 팀에 부족한 면이 무엇인지 파악했을 때야말로 당신의 팀에 새로운 가능성을 가져다줄 인재를 만날 수 있을 것이다.

실전 체크리스트 ✔

☐ 팀 활동의 특징을 이야기할 수 있는가?

☐ 팀 구성원들에게 적절한 다양성이 있는가?

☐ 팀에 적절한 유동성이 있는가?

☐ 팀에 필요한 구성원의 특징을 이해하고 있는가?

☐ 팀 구성원 모집과 선정에 공헌하고 있는가?

communication

소통의 법칙
: 최고의 공간을 준비하라

팀원들의 힘을 어떻게 이끌어내고 활용할 것인가?
이는 소통의 내용과 방법에 따라 달라진다.

【communication】
연락, 메시지, 공감, 교류

소통이
많을수록 좋다는
오해

팀의 목표를 정하고 구성원을 선정했다면, 이제부터는 목표에 도달하기 위해 구성원끼리 효율적으로 협력해나가야 한다. 그런데 많은 사람들이 흔히 이런 착각을 한다.

'팀 내 소통은 많을수록 좋다.'

효과적으로 협력하려면 어떤 팀이든 구성원들이 원활하게 소통해야 하는 것은 사실이다. 그렇다면 소통 횟수나 빈도가 많을수록 좋은 걸까?

예를 들어 당신이 학교 배구 동아리의 멤버라고 해보자. 동아리 회원 간 협력을 모두 소통에 의존하려 든다면 어떻게 될까? 다음 날 훈련을 몇 시부터 시작할지 결정하면 그날그날 구성원 모두에게 일일이 전달해야 할 것이다. 또 훈련을 시작한 후에도 워밍업을 몇 분 할지, 패스 연습을 몇 분 할지, 스파이크 연습이나 리시브 연습, 또는 서브 연습에 각각 어느 정도 시간을 할애할지에 대해 매일 서로 이야기를 나누며 합의해야 할 것이다. 이래서는 소통에 수고가 너무 많이 소요된다. 그럼 어떻게 소통해야 이 수고를 줄일 수 있을까?

이를 위한 효과적인 방법은 '규칙 정하기'다. 매일 훈련을 시작하는 시각이나 각 연습에 할당하는 시간 등을 사전에 규칙으로 정해둔다면 복잡한 소통 과정을 훨씬 단순하게 만들 수 있다. 어떤 팀이든 효과적으로 협력하려면 단순하지만 명료한 규칙이 필요하다.

여기서 또 하나의 의문을 던질 수 있다. 무조건 세밀하게 규칙을 정해두면 구성원끼리 그만큼 효과적이고 효율적으로 협력할 수 있을까? 규칙은 마음만 먹으면 한없이 세밀하게 정할 수 있다. 다시 한번 배구 동아리를 예로 들어보자. 매일 훈련을 시작하는 시각이나 각 연습에 할당하는 시간 외에도 누가 누구와 패스 연습을 할지, 스파이크 연습을 할 때 공을 몇 번 때릴지 등을 규칙으로 정할 수 있다. 심지어 체육관에 누가 가장 먼저 들

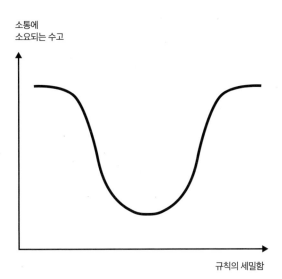

소통에
소요되는 수고

규칙의 세밀함

어갈지, 감독님에게 인사할 때 허리를 어느 정도 각도로 굽힐지까지도 규칙으로 명시할 수 있다.

하지만 너무 시시콜콜한 부분까지 규칙을 정해놓으면 효과와 효율이 오히려 떨어진다. 하다 보면 규칙을 정하지 않고 임기응변으로 대처하는 편이 좋은 경우도 많을뿐더러, 너무 세밀한 부분까지 담으면 그 규칙을 운용하기가 힘들기 때문이다.

한도를 넘을 만큼 세밀한 규칙은 효율을 떨어뜨린다. 어느 선까지는 규칙을 정하고, 그 이상은 소통에 맡기는 것이 성과에 도움이 되는 협력을 이끌어낼 수 있다. 따라서 팀 내 소통은 무조건 많을수록 좋은 것이 아니라, 경우에 따라서는 적어도 좋다고 생각해야 한다. 이 사실을 기억하면서 3장에서 규칙과 소통을 효과적으로 설계하는 방법을 알아보자.

올바른 규칙이
전략적 소통을
부른다

규칙에 대해 많은 사람들은 다음과 같은 선입견 내지는 오해를 갖고 있다.

'규칙은 되도록이면 적은 편이 좋다.'

'구성원에게 재량권이 있는 팀이 좋은 팀이다.'

'팀 내 책임 범위는 명확한 편이 좋다.'

'과정을 높이 평가하는 팀은 좋은 결과를 내는 데 소홀하다.'

'과정을 시시콜콜 확인하지 않는 팀이 좋은 팀이다.'

이와 같은 생각이 반드시 틀렸다고는 할 수 없지만, 그렇다고 해서 꼭 맞는 말이라고 하기도 힘들다.

'규칙은 되도록이면 많은 편이 좋다.'
'구성원에게 재량권이 없는 팀이 좋은 팀이다.'
'팀 내 책임 범위는 모호한 편이 좋다.'
'과정을 높이 평가하는 팀은 저절로 좋은 결과를 낼 수 있다.'
'과정을 시시콜콜 확인하는 팀이 좋은 팀이다.'

상황에 따라서는 이런 생각이 더 적절하게 통용될 수 있다. 앞 장에서 설명했듯 팀 운영 방식은 상황에 따라 달라져야 하기 때문이다.

이제부터 앞 장에서 설명한 팀의 네 가지 유형을 활용해 팀에서 어떤 규칙을 어떻게 설계해야 할지 살펴볼 것이다. 자신의 팀이 어느 유형에 속하는지 생각해본 후 어떤 규칙을 도입하면 좋을지 고민하며 읽어나가보자.

what :
무엇을 대상으로
정할 것인가?

규칙을 정할 때 가장 먼저 고려해야 할 핵심 사항이 무엇일까? 어느 팀에나 공통적으로 적용되는 것이 있다. '얼마나 세밀하게 규칙을 설정할 것인가'다. 이 말은 곧 '규칙을 세울 대상이 무엇인가?'라는 물음과 관련된다. 그 대상에 따라 가능한 한 세밀하게 팀 규칙을 정하는 것이 좋은지, 혹은 너무 촘촘하지 않게 규칙을 정하는 것이 좋은지 고민할 필요가 있다.

앞 장에서 소개한 팀의 네 가지 유형을 바탕으로 생각해보자. 구성원의 협력 정도가 작은 경우라면 규칙을 세밀하게 정할 필요가 없다. 구성원이 서로 협력하는 타이밍에만 규칙이 필요하기 때문이다. 협력이 필요 없는 팀이라면 각 구성원이 스스로 판단해서 활동하는 것이 효과적이다. 반대로 구성원의 협력 정도가 크다면 규칙을 세밀하게 정해두어야 소통에 소요되는 수고를 줄일 수 있다.

또 환경의 변화 정도가 큰 팀이라면 규칙을 세밀하게 정할 필요가 없다. 규칙을 정해봤자 상황이 달라지면 이를 활용할 수 없게 되기 때문이다. 하지만 환경의 변화 정도가 작은 경우라면 규칙을 세밀하게 정해두고 계속 활용할 수 있을 것이다. 팀의 네가지 유형을 토대로 정리하자면, 유도 단체전형 팀은 규칙이 적은 편이 좋고, 야구형 팀은 규칙이 많은 편이 좋다. 이어달리기형 팀과 축구형 팀은 그 중간이라고 할 수 있다.

실제로 야구에서는 미리 약속한 사인을 통해 각 선수의 움직임에 관련된 다양한 규칙을 세세하게 정리해둔다. 그리고 선수와 감독이 매번 정교한 사인을 주고받으면서 플레이한다. 이와 마찬가지로 식당에서 손님에게 서비스를 할 때도 야구처럼 어느 정도 규칙이 많아야 좋다. 이때는 일정한 매뉴얼을 만들어 직원의 행동을 규정하는 접근법이 효과적이다.

그럼 축구는 어떨까? 축구에서도 경기 중 미리 정해둔 플레이를 하는 경우가 있지만, 상황에 따라 임기응변으로 판단해서 플레이하는 비율이 야구보다 훨씬 높다. 상황이 시시각각 변화

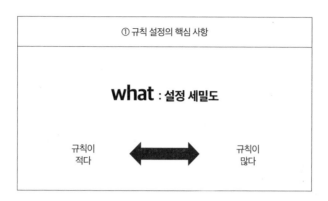

① 규칙 설정의 핵심 사항

what : 설정 세밀도

규칙이
적다   ⟷   규칙이
              많다

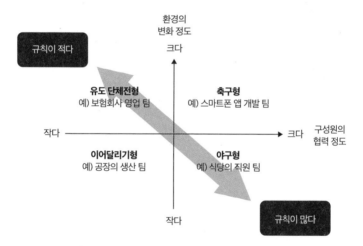

환경의
변화 정도

크다

규칙이 적다

유도 단체전형   **축구형**
예) 보험회사 영업 팀   예) 스마트폰 앱 개발 팀

작다 ←─────────────────→ 크다   구성원의
                                     협력 정도

이어달리기형   **야구형**
예) 공장의 생산 팀   예) 식당의 직원 팀

작다

규칙이 많다

하는 축구 경기에서는 상대 팀의 행동에 따라 규칙에 얽매이지 않고 매 순간 적절한 플레이를 선수 개개인이 스스로 선택해야 효율적이다. 개발자가 스마트폰 앱을 만드는 경우도 축구처럼 임기응변식 대응이 요구된다고 할 수 있다. 이때는 세세한 규칙보다는 그때마다 소통으로 협력을 꾀하는 편이 성과를 높이는 데 도움이 된다.

who :
누가 판단할
것인가?

규칙을 얼마나 세밀하게 정할지, 규칙을 늘릴지 줄일지 정했다면 다음으로 정해야 할 것은 '권한'에 관련된 규칙이다. 이는 '누구에게 어느 선까지 결정 권한이 있는가?'라는 물음과 관계있다. 구성원이 어느 선까지 스스로 판단해도 좋은지, 어느 선부터 팀 전체의 판단을 요청해야 하는지 등 결정 권한을 명확히 정해두지 않으면 활동 효율이 떨어질 것이다.

물론 구성원이 모든 판단을 내려야 한다거나, 리더가 모든 판단을 내려야 한다는 식으로 특정 방법만 전적으로 채택할 수는 없다. 하지만 어느 한쪽 방향으로 원칙을 정해둘 필요는 있다.

팀의 네 가지 유형을 바탕으로 생각해보자. 구성원의 협력 정도가 작은 경우라면 구성원 각자가 스스로 판단을 내려도 문제가 별로 발생하지 않을 것이다. 각 구성원이 나름대로 최적의 방법으로 자신의 활동을 스스로 완결해야만 최고의 성과를 올릴 수 있고, 그 개별 성과가 합쳐져 팀의 성과로 이어지기 때문이다.

반대로 구성원의 협력 정도가 큰 경우라면, 리더가 개별 구성원의 활동에 어느 정도 개입해야만 혼란을 막을 수 있다. 구성원의 활동이 밀접하게 얽혀 있기 때문에 팀 전체적인 입장에서 최적의 판단을 내려야 성과를 높일 수 있다.

또 환경의 변화 정도가 큰 경우라면 구성원이 스스로 판단을 내리는 것이 좋다고 할 수 있다. 상황이 바뀔 때마다 리더에게 일일이 판단을 요청한다면 변화에 민첩하게 대응할 수 없다. 반대로 환경의 변화 정도가 작은 경우라면 상황이 달라질 때마다 팀이나 리더에게 판단을 요청해야 적절하게 대처할 가능성이 높다.

팀의 네 가지 유형을 토대로 정리하자면, 유도 단체전형 팀은 구성원 스스로 판단을 내리는 편이 좋고, 야구형 팀은 리더나 팀이 판단을 내리는 편이 좋다. 이어달리기형 팀과 축구형 팀은 그 중간이라고 할 수 있다.

실제로 유도 단체전에서 일단 경기가 시작되면, 선수는 감독의 지시를 일일이 신경 쓸 틈이 없다. 감독의 말보다는 상대 선수의 플레이에 온 신경을 집중해야 하기 때문이다. 보험회사 영업 팀도 이와 마찬가지다. 상사의 판단을 기다리는 경우도 물론 있겠지만, 그보다는 그때그때 상황에 따라 고객의 동태를 살피면서 스스로 판단을 내려야 영업 실적을 올릴 수 있다.

한편 야구는 상황이 변할 때마다 감독이나 코치가 사인을 보내고, 그 사인을 토대로 선수가 경기에 임한다. 감독의 사인이 없다면 타자가 무조건 타격을 하는 동시에 주자가 무조건 달리기 시작하는 '히트 앤드 런' 같은 고도의 협력 플레이는 결코 이끌어낼 수 없을 것이다. 식당에서도 각자 자신의 판단만으로 일한다면, 제대로 된 서비스를 제공하지 못할 것이다.

이처럼 팀이 처한 상황에 비추어보면서 누가 무엇에 대해 어느 선까지 판단할 수 있는지 기준을 정하면 팀의 시너지를 더욱 높일 수 있다.

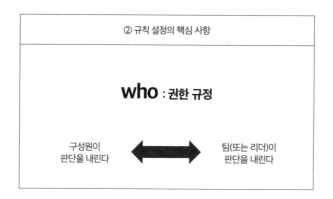

② 규칙 설정의 핵심 사항

who : 권한 규정

구성원이
판단을 내린다　◀▶　팀(또는 리더)이
판단을 내린다

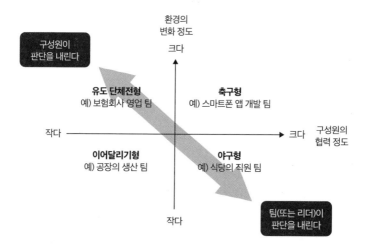

구성원이
판단을 내린다

환경의
변화 정도

크다

유도 단체전형
예) 보험회사 영업 팀

축구형
예) 스마트폰 앱 개발 팀

작다 ──────────────────▶ 크다　구성원의
협력 정도

이어달리기형
예) 공장의 생산 팀

야구형
예) 식당의 직원 팀

작다

팀(또는 리더)이
판단을 내린다

where :
어디까지 책임질
것인가?

규칙을 정할 때 고려해야 할 세 번째 핵심은 '책임'이다. 누가 판단을 내릴지 정했다면, 다음으로 정해야 할 것이 책임 범위에 관련된 규칙이다. 책임 범위는 곧 '한 사람 한 사람이 어디까지 책임질 것인가?'라는 물음과 관련된다. 팀 안에서 역할을 명확히 규정한 다음 각자 맡은 영역에서 낸 성과만 책임질 것인지, 아니면 팀 전체의 성과를 모두 함께 책임질 것인지 결정해야 한다.

이에 대해 팀의 네 가지 유형을 바탕으로 생각해보자. 구성원의 협력 정도가 작은 경우라면 개인의 책임 범위를 명확히 규정하기 쉽다. 각자가 맡은 영역에만 집중할 수 있도록 담당 영역에서 거둔 성과만 책임져도 별문제 없을 것이다. 한편 구성원의 협력 정도가 큰 경우라면 개인의 책임 범위를 명확히 규정하는 데 한계가 있다. 그러므로 담당 영역에서 올리는 성과뿐 아니라 팀 전체의 성과도 함께 책임지는 편이 효율적일 것이다.

또 환경의 변화 정도가 큰 경우라면 한번 정해놓은 개개인의 책임 범위를 상황에 따라 변경해야 한다. 그러므로 개개인의 책임 범위를 언제든 늘리거나 줄일 수 있는 융통성과 여유가 필요하다. 반대로 환경의 변화 정도가 작다면 한번 정해놓은 책임 범위를 변경할 필요가 없을 것이다. 이때는 처음부터 책임 범위를 명확히 규정해야 효과적이다.

팀의 네 가지 유형을 토대로 정리하자면, 이어달리기형 팀은 각자 자신의 담당 영역만 책임지는 편이, 축구형 팀은 자신의 담당 영역뿐 아니라 팀 전체의 성과도 책임지는 편이 성과를 높이는 데 도움이 된다. 야구형 팀과 유도 단체전형 팀은 그 중간이라고 할 수 있다.

실제로 이어달리기에서는 각 선수가 자신의 구간에서 책임지고 최고 기록을 내는 것이 팀이 승리하는 데 도움이 된다. 공장의 생산 라인과 보험회사의 영업 팀도 이와 마찬가지다. 공장의 생산 라인에서는 각자의 작업 공정을 책임지고 오류나 불량이 발생하지 않도록 하는 것이 가장 중요하다. 또 보험회사 영업에서는 개개인이 책임지고 영업 실적을 올리는 것이 회사 전체로 봤을 때 가장 중요한 요소다.

한편 축구는 상황에 따라 각자의 책임 범위를 넘어 팀에 공헌해야 하는 경우가 발생한다. 골키퍼는 실점을 막는 역할을 담당하지만, 경기 종반에 팀이 1점 차로 지고 있다면 자신의 역할 범위를 뛰어넘어 직접 플레이에 가담하고 슛을 시도하기도 한다. 스마트폰 앱 개발 현장에서는 이따금 개발자가 직접 사용자를 만나 상담하거나, 디자이너가 기획 단계에 참여하는 등 직무를 뛰어넘어 협력하며 상품을 만들어나간다. 각자 책임 범위를 어느 정도 명확히 규정하는 것은 물론 중요하지만, 각 구성원이 팀 전체의 성과를 함께 책임지는 것 역시 중요하다. 그러니 팀의 유형과 팀이 처한 상황에 맞게 한 사람 한 사람이 어디까지 책임질 것인지 보다 명확히 정해보자.

③ 규칙 설정의 핵심 사항

where : 책임 범위

각자 개인의 성과를
책임진다 ⬌ 모두 함께 팀 성과를
책임진다

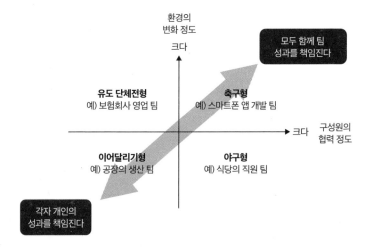

환경의
변화 정도

크다

모두 함께 팀
성과를 책임진다

유도 단체전형
예) 보험회사 영업 팀

축구형
예) 스마트폰 앱 개발 팀

크다 구성원의
협력 정도

이어달리기형
예) 공장의 생산 팀

야구형
예) 식당의 직원 팀

각자 개인의
성과를 책임진다

how :
어떻게 평가할
것인가?

책임 범위를 정했다면, 다음으로 정해야 할 것이 평가 대상에 관련된 규칙이다. 평가 대상은 곧 '어떻게 평가할 것인가?'라는 물음과 관련된다. 팀 구성원을 성과에 따라 평가할지, 성과뿐 아니라 과정까지 포함해 평가할 것인지 등을 정해두어야 한다.

구성원의 협력 정도가 작은 경우라면 팀 전체의 성과를 구성원 개인별로 분해해서 환원하기 쉽다. 따라서 개개인이 창출한 성과를 평가하는 것이 좋다. 한편 구성원의 협력 정도가 큰 경우라면, 서로의 행동이 복잡하게 얽혀 팀의 성과를 창출하기 때문에 전체 성과를 개인별로 환원하기 어렵다. 따라서 개개인의 과정이나 행위 자체를 평가하는 편이 합리적이다.

또 환경의 변화 정도가 큰 경우라면 높은 성과로 이어지는 구성원의 행동이 상황에 따라 달라지기 때문에 최종적으로 창출된 성과로 평가해야 한다. 반대로 환경의 변화 정도가 작은 경우라면 구성원이 어떤 행동을 할 때 높은 성과로 이어지는지 사전에 쉽게 규정할 수 있을 것이다. 그러므로 성과에 이르는 과정을 평가하는 것이 가능하다.

팀의 네 가지 유형을 토대로 정리하자면, 유도 단체전형 팀은 성과로 평가해야 하고, 야구형 팀은 과정으로 평가해야 한다. 이어달리기형 팀과 축구형 팀은 그 중간이라고 할 수 있다.

보험회사 영업 팀이라면 팀의 성과를 구성원 개인별로 쪼개어 환원하기 쉽다. 팀의 총 계약 건수는 각 팀원의 계약 건수를 모두 더한 수치이기 때문이다. 팀의 총 계약 건수 중 누가 몇 건의 보험계약을 따냈는지, 개인별 성과가 매우 명확히 드러난다. 따라서 한 사람 한 사람을 성과로 평가하는 편이 바람직하다.

한편 식당의 직원 팀은 팀의 성과를 구성원 개인별로 쪼개어 산출하기가 어렵다. 식당의 총매출을 주방, 홀, 계산대별로 나누는 것은 도저히 불가능한 일이다. 따라서 각 구성원을 과정으로 평가하는 것이 바람직하다. 이처럼 팀의 유형과 상황에 따라 평가 대상에 대한 규칙을 정해둘 필요가 있다.

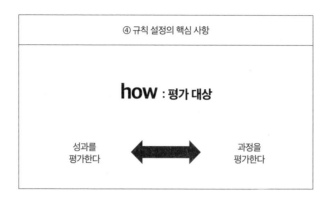

④ 규칙 설정의 핵심 사항

how : 평가 대상

성과를
평가한다 ⟷ 과정을
평가한다

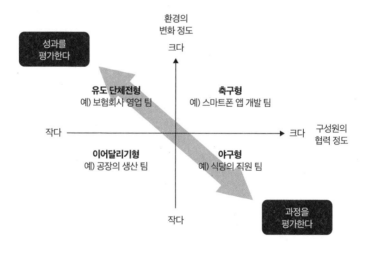

환경의
변화 정도

크다

성과를
평가한다

유도 단체전형
예) 보험회사 영업 팀

축구형
예) 스마트폰 앱 개발 팀

작다 ⟶ 크다 구성원의
협력 정도

이어달리기형
예) 공장의 생산 팀

야구형
예) 식당의 직원 팀

과정을
평가한다

작다

when :
얼마나 자주
확인할 것인가?

규칙을 세울 때 다섯 번째로 고려해야 할 핵심은 '확인 횟수'다. 확인 횟수는 곧 '언제, 얼마나 확인할 것인가?'라는 물음과 관련된다. 팀이 맡은 일의 진척 상황을 중간중간에 가급적 자주 확인할지, 최종적인 결과가 나온 뒤 한꺼번에 확인할지 등을 정해두어야 한다.

구성원의 협력 정도가 작은 팀이라면 팀 구성원은 각자 자신의 활동 상황을 스스로 관리할 수 있다. 따라서 팀 전체 활동의 진척 상황을 확인하는 횟수가 적어도 상관없다. 한편 구성원의 협력 정도가 큰 팀이라면 팀 전체적으로 진척 상황을 수시로 공유하고 확인해야 한다.

또 환경의 변화 정도가 큰 팀이라면 상황이 달라질 때마다 방침을 조정해야 하므로, 팀 전체적으로 활동이 진척되는 상황을 자주 확인해야 바람직할 것이다. 반대로 환경의 변화 정도가 작은 팀이라면 활동의 진척 상황을 확인하는 횟수가 적어도 별문제 없다.

팀의 네 가지 유형을 토대로 정리하자면, 축구형 팀은 활동의 진척 상황을 중간중간에 상세히 확인해야 하지만, 이어달리기형 팀은 자주 확인할 필요가 없다. 야구형 팀과 유도 단체전형 팀은 그 중간이라고 할 수 있다.

축구는 시시각각 변화하는 상황에 적절히 대응하기 위해 경기 내내 선수끼리 소리 지르며 서로의 움직임을 확인한다. 스마트폰 앱 개발도 이와 마찬가지다. 개발 팀은 서로의 상황을 빈번하게 확인하지 않으면 좋은 앱을 완성할 수 없다. 회의를 자주 열어 서로의 의견과 아이디어를 수시로 체크하는 것은 물론, 일상적으로 소통하는 것도 매우 효과적이다.

이어달리기는 경기 중 선수끼리 소리를 지를 필요가 거의 없다. 오히려 각자 묵묵히 자신의 레이스에 집중하는 편이 더 좋다. 공장의 생산 라인도 이와 마찬가지다. 공장의 생산 라인에서는 팀 구성원끼리 혹은 리더와 구성원이 일주일에 한 번꼴로 소통하는 것만으로도 업무가 원활하게 진행된다.

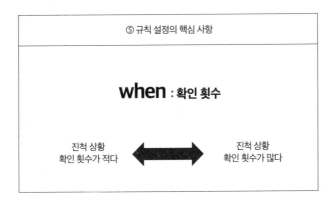

⑤ 규칙 설정의 핵심 사항

when : 확인 횟수

진척 상황
확인 횟수가 적다 ◄───► 진척 상황
확인 횟수가 많다

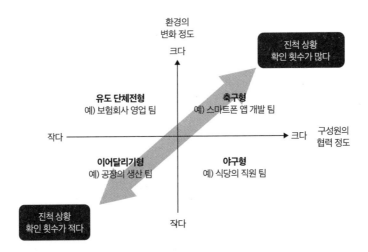

만약 당신의 팀이 규칙을 확실히 설정하지 않은 채 일상적인 소통만으로 협력을 시도하고 있다면, 이는 매우 비효율적인 행동이다. 앞으로는 규칙 설정의 다섯 가지 핵심 사항을 활용해 각 팀에 적합한 규칙을 설계하고 소통의 복잡성을 줄여나가도록 시도해보자.

내용이 아닌
'태도'로
승부하라

　　　　　규칙을 설정해 소통의 복잡성을 줄여나
가는 것도 중요하지만, 한편으로 팀 구성원끼리 효과적으로 협
력하기 위해서는 최소한의 소통이 필요하다. 쓸데없이 장황하게
소통할 필요는 없겠지만, 그렇다고 해서 간략하게 소통할수록
효율적이라고 단정할 수도 없다.

　사람들은 소통이라고 하면 일반적으로 콘텐츠, 즉 내용이 중
요하다고 여긴다. 이는 소통을 통해 '무엇을 전달하려고 하는
가?'에 중점을 두는 사고방식이다. 그러나 콘텐츠가 아무리 충실
하더라도 팀원들이 생각대로 움직여주지 않는 일도 종종 발생한

다. 이는 구성원들이 이따금 '감정'에 휘둘리기 때문이다.

'어차피 그 사람은 나를 이해해주지 않아.'
'아무리 내가 움직여봤자 팀의 결과는 달라지지 않아.'
'역시 이 팀에서는 나를 중요하게 생각하지 않아.'

'어차피', '그래봤자', '역시' 등의 말은 팀과 다른 구성원에 대한 부정적인 감정을 내포한다. 부정적인 감정은 소통하는 내용에 대한 이해와 공감을 저해하고 행동을 가로막는다. 이런 상황에서는 콘텐츠를 아무리 충실하게 만들더라도 상대방의 부정적인 감정 때문에 거부당하기 십상이고, 소통이 제대로 이루어질 수 없다. 따라서 요식 행위가 아닌 제대로 된 소통을 하기 위해서는 콘텐츠를 개선하기보다 '전달하는 태도'와 '전달하는 분위기'를 바꾸는 편이 좋다.

같은 말이라도 어떤 태도로, 어떤 분위기에서 하는지에 따라 듣는 사람의 감정이 크게 달라지는 법이다. 즉 '어떤 태도로, 어떤 분위기에서 콘텐츠를 전달하느냐'에 따라 소통의 행간과 맥락을 바꿀 수 있다.

행간과 맥락을 적절하게 전달하려면 때로는 소통을 장황하게 할 필요도 있다. '팀 내 소통은 간략할수록 좋다'가 아니라 '팀 내 소통은 가끔 쓸데없이 늘어져도 괜찮다'라고 생각해야 한다. 지

금부터는 팀 구성원의 감정을 긍정적으로 바꾸는 행간과 맥락을
어떻게 전달할지 알아보자.

'이해받는다는 느낌'이
사람을 움직인다

세계적인 베스트셀러 『성공하는 사람들의 7가지 습관(The Seven Habits of Highly Effective People)』은 자기 분야에서 성공적으로 활약하는 사람들이 어떤 습관을 지니고 있는지 설명한다. 여기서 주목할 것은 이 책에 나온 습관 가운데 하나인 '먼저 이해하고 난 다음에 이해시킨다'라는 행동 습관이다. 이는 '상대방에게 이해받고자 하는 욕심이 앞서면 오히려 이해받지 못하고, 상대방을 먼저 이해하려는 태도를 보여야 비로소 상대방도 나를 이해해준다'라는 개념이다.

중국의 고사 중 '사나이는 자기를 알아주는 사람을 위해 목숨을 바친다(士為知己者死)'라는 말이 있다. 춘추전국시대의 혼란 속에서 조나라의 양자(襄子)는 진나라의 지백(智伯)을 멸망시켰다. 그러자 지백의 신하이던 예양(豫讓)은 주군의 원수를 갚기 위해 목숨을 걸고 양자의 거처에 침입했다. 하지만 예양은 양자를 죽이는 데 실패하고 끝내 붙잡히고 말았다. 양자는 예양을 처형하기 직전에 "왜 그렇게까지 나에게 복수하려 했는가?"라고 물었다. 그러자 예양은 "사나이는 자기를 알아주는 사람을 위해 목숨을 바치는 법이다"라고 대답했다. 예양은 지백이 자신의 능력을 알아보고 등용해준 것을 감사히 여겼고, 그 은혜를 갚기 위해 복수를 시도했던 것이다. 자신을 이해해주는 사람을 위해서라면 무슨 일이든 하고 싶어 하는 인간의 특성을 잘 보여주는 일화다.

팀 내에 뿌리내린 '어차피', '그래봤자', '역시' 등의 부정적인 감정을 없애려면, '남들에게 이해받고 있다는 느낌'이 충만해야 한다. 반대로 말하면 '아무리 노력해봤자 어차피 사람들은 나를 이해해주지 않아'라며 부정적으로 생각하는 팀원과는 효과적으로 소통하기 힘들다.

같은 내용을 전달하더라도 상대방을 이해해주지 않는 사람이 전달하는 경우와 상대방을 이해해주는 사람이 전달하는 경우를 비교해보면, 받아들이는 사람의 감정이 완전히 달라진다. 이처럼 소통은 내용보다 어떤 '태도'로 전달하느냐가 중요하다. 따라서 상대방으로 하여금 이해받고 있다고 느끼도록 하려면, 그의

'경험', '감각', '지향점', '능력'을 잘 이해해야 한다. 그러면 소통 효과가 비약적으로 높아질 것이다.

예를 들어 어느 구성원을 팀장의 보좌역으로 배치한다고 해보자. 단순히 "자네가 팀장 보좌역을 맡아주게"라고 말하는 것은 별로 효과적이지 않다. 그보다는 "자네가 팀장 보좌역으로 딱 어울려. 자네는 이전에 동호회 부회장을 하면서(경험) 큰 보람을 느꼈다고 했잖아(감각)? 분명히 이 일도 의미 있게 해낼 수 있을 거야"라고 말하는 편이 효과가 좋다. 똑같은 내용을 전달하더라도 상대방의 마음에 공감을 불러일으키는 정도는 완전히 다르기 때문이다.

마찬가지로 실수를 많이 저지르는 구성원에게 단순히 "실수가 없도록 조금 더 꼼꼼하고 신중하게 일했으면 좋겠어"라고 말하기보다는 "자네는 업무를 기획하는 재주는 뛰어난데(능력), 장래에 프로젝트 매니저를 맡고 싶다면(지향점) 계획성과 완결성을 조금 더 길러야겠어"라고 말해보자. 후자가 더욱 쉽게 상대방의 마음을 움직인다.

이처럼 팀 구성원끼리 각자의 경험, 감각, 지향점, 능력을 이해할 수 있다면 똑같은 내용이라도 완전히 다른 맥락으로 전달하는 것은 물론, 상대방의 감정을 움직이는 교감이 가능해진다.

누군가를
입체적으로
안다는 것

채용 면접에서 지원자에게 "지금까지 살면서 가장 노력했던 일이 무엇인가요?"라고 질문하는 경우가 있다. 사실 이 질문은 상대방을 파악하는 데 별로 도움이 되는 질문이 아니다. 몇십 년 동안 살아온 인생 중 불과 몇 주 혹은 며칠 사이에 일어난 사건을 하나 캐낸다고 해서, 그의 인생 전반을 알수 있는 것은 아니기 때문이다. 이 질문만으로는 상대방의 '경험'만 알 수 있을 뿐이다. 그 경험을 통해 어떤 것을 느꼈는지 '감각'까지 파고들어야 비로소 상대방을 입체적으로 이해할 수 있다.

인사 분야에서는 상대방의 경험을 알아내는 데 필요한 질문을 '수평 질문', 상대방의 경험부터 감각까지 파고드는 질문을 '수직 질문'이라고 한다. 그런데 수평 질문과 수직 질문을 상황에 따라 정확하게 구사하는 것은 생각보다 쉽지 않은 일이다. 그래서 필요한 것이 상대방의 경험과 감각을 손쉽게 파악할 수 있는 '모티베이션 그래프(motivation graph)'다. 이것은 시간을 가로축에, 동기를 세로축에 놓고 그 변화를 곡선으로 나타낸 그래프다. 곡선의 각 정점에는 말풍선을 활용해 삶에서 겪은 주요 사건을 기입한다.

가로축을 태어나서부터 지금까지의 시간으로 설정하면, 상대방의 경험을 평면적으로 이해할 수 있다. 그리고 동기를 곡선으로 그리면, 시기마다 느낀 감각을 파고들어 상대방을 입체적으로 이해할 수 있다. 대부분 같은 팀 구성원의 현재만 아는 경우가 많다. 하지만 경험과 감각이라는 두 축으로 과거를 이해한다면, 상대의 맥락에 맞춰 소통할 수 있다.

당신의 팀에서도 모든 구성원으로 하여금 각자 모티베이션 그래프를 작성하고 공유하도록 해보자. 별것 아닌 듯해도 그래프를 통해 동료의 과거 경험과 감정을 배려하며 소통하려는 방향으로 바뀔 수 있다. 그리고 팀 내 소통이 일방적인 의견 전달이 아니라, 다른 구성원의 마음에 '공감'을 일으키고 그를 '움직이는 힘'으로 변화할 것이다.

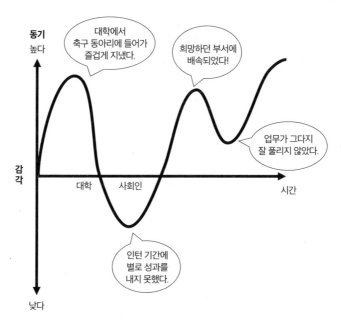

눈에 보이지 않는
능력 파악하기

상대방의 경험이나 감각과 더불어 '지향점'이나 '능력' 등의 특징까지 파악할 수 있다면 상대방의 맥락에 더욱 적합한 소통을 할 수 있다. 링크 앤드 모티베이션에서는 인재를 채용하고 육성할 때 독특한 도구를 활용한다. 바로 인재의 지향점을 파악하기 위한 '모티베이션 타입(motivation type)'과 인재의 능력을 알기 위한 '포터블 스킬(portable skill)'이다.

지향점과 능력은 눈에 보이는 것이 아니다. 그러니 당연히 파악하기 힘들다. 따라서 누군가의 지향점과 능력을 제대로 이해하기 위해서는 그것을 세밀하게 분류할 필요가 있다. 모티베이션 타입과 포터블 스킬은 지향점과 능력을 잘게 쪼개는 과정을 통해 그 사람을 이해하기 쉽게 만드는 수단이다.

먼저 모티베이션 타입을 살펴보자. 모티베이션 타입은 누군가의 지향점을 파악하는 데 도움을 준다고 했는데, 여기서 지향점은 사고와 행동에 대한 욕구를 나타낸다. 이는 다음과 같이 네 가지 유형으로 나눌 수 있다.

· 어택 타입(attack type) : 달성·지배형 욕구
· 리시브 타입(receive type) : 공헌·조정형 욕구
· 싱킹 타입(thinking type) : 논리·탐구형 욕구
· 필링 타입(feeling type) : 심미·창조형 욕구

먼저 어택 타입은 굉장히 적극적인 캐릭터라고 할 수 있다. '스스로의 힘으로 강해지고 싶다, 성공하고 싶다, 주변에 영향력을 끼치고 싶다, 나약하거나 남에게 의존하는 상태에서 벗어나고 싶다'는 욕구를 지닌다. 쉽게 반응하는 키워드는 '승리/패배', '내 편/남의 편', '이득/손해' 등이며, "대단해요"라는 말을 가장 듣고 싶어 한다.

반면 리시브 타입은 남에게 도움을 주고 싶어 한다. 또 평화를 유지하고 갈등을 피하며 중립적인 입장에 서고 싶어 한다. 남들과 싸우기보다는 협조하는 것을 선호한다. 이 타입이 쉽게 반

응하는 키워드는 '선/악', '올바름/옳지 않음', '사랑/미움' 등이며, 타인에게 가장 듣고 싶어 하는 말은 "고마워요"다.

그렇다면 싱킹 타입은 어떨까? 이들은 지적 욕구와 호기심이 많아 다양한 지식을 흡수하고 싶어 한다. 복잡한 현상을 규명하는 것을 선호하며, 기분에 따라 계획 없이 행동하는 것을 좋아하지 않는다. 쉽게 반응하는 키워드는 '진실/거짓', '원인/결과', '뛰어나다/뒤처지다' 등이며 "맞아요"라는 말을 가장 듣고 싶어 한다.

마지막으로 필링 타입은 새로움에 대한 욕구가 강하다. 새로운 것을 만들어내고 싶다거나 즐거운 일을 계획하고 싶은 욕구다. 또 자신의 개성을 남들에게 이해받고 싶어 하며, 평범하거나 같은 일을 반복하는 상태에서 벗어나려는 욕구를 지닌다. 쉽게 반응하는 키워드는 '아름답다/추하다', '즐겁다/괴롭다', '좋아하다/싫어하다'이며, "재미있어요"라는 말을 가장 듣고 싶어 한다.

한편 인재의 능력을 파악하는 포터블 스킬은 말 그대로 '지니고 다닐 수 있는 능력'을 뜻한다. 이는 다시 세 가지로 나뉜다. 하나는 '자신을 대하는 능력'이다. 다른 말로 표현하면 자신의 행동과 사고를 스스로 제어하는 능력을 뜻한다. 결단력·순발력·모험력 등 외향적 능력, 인내력·규율력·지속력·신중력 등 내향적 능력으로 나눈다.

두 번째는 '남을 대하는 능력'이다. 이는 남과 소통하는 능력을 뜻한다. 주장력·부정력·설득력·통솔력 등 부성적 능력과 경청력·수용력·지원력·협조력 등 모성적 능력으로 나눈다.

마지막 능력은 '과제를 대하는 능력'으로, 업무나 프로젝트를 처리하는 능력을 가리킨다. 시행력·혁신력·기동력·발상력 등 우뇌적 능력과 계획력·추진력·이해력·분석력 등 좌뇌적 능력으로 나눌 수 있다. 이 모든 능력은 업계와 직종을 불문하고 누구에게나 필요한 것들이다. 이러한 능력을 기준으로 경향을 이해하면 상대방의 능력을 쉽게 파악할 수 있다.

모티베이션 타입과 포터블 스킬을 통해 자신의 능력을 스스로 체크해보자. 그리고 각자의 모티베이션 타입과 포터블 스킬을 팀 내에서 공유해보자. 동료의 지향점과 능력을 인식하면 일상적인 소통이 달라진다. 예를 들어 팀원이 어택 타입에 부성적 능력이 뛰어나다면, 업무를 지시하기 전에 이렇게 덧붙여보자.

"○○씨는 통솔력(능력)이 뛰어나니까(지향점) 이번에 이 일을 맡기고 싶어요."

간단한 말이지만 이런 말은 상대방의 마음에 공감을 불러일으켜 그의 행동을 쉽게 촉진할 수 있다. 우리 눈으로는 같은 팀 구성원의 행동밖에 볼 수 없다. 하지만 그 이면에 숨겨져 있는 지향점과 능력까지 이해한다면 서로의 맥락에 알맞은 소통을 할 수 있다.

소통이 잘 이루어지지 않는 이유는 대부분 '나와 남이 똑같다'는 것을 전제로 삼기 때문이다. 인간은 각자 다른 전제를 지니고 있다. 그러므로 같은 내용을 말하더라도 사람에 따라 완전히 다르게 받아들이기도 하고, 전혀 다른 감정을 품기도 한다. 만약 구성원 각각의 경험, 감각, 지향점, 능력을 제대로 이해한다면 자신과 상대방의 차이를 이해할 수 있는 것은 물론이고, 팀의 성과를 높이는 데 더 큰 도움이 될 것이다.

당신의 팀에는
심리적 안전감이
있습니까

          지금까지는 태도에 중점을 두고 '상대방을 이해해주는 발신자'가 되어 소통을 저해하는 요소인 부정적인 감정을 떨쳐내는 방법을 소개했다. 지금부터는 어떤 분위기에서 소통이 이루어져야 효과적인지 알아보자.

    팀으로 활동하다 보면 여러 문제에 부딪히게 마련이다. 이럴 때는 팀 전체가 효과적인 해결책을 짜내고 실행해서 문제를 극복해야 팀의 목표를 달성할 수 있다. 그러기 위해서는 모든 구성원이 각자 품고 있는 문제와 아이디어를 다른 팀원들과 공유해야 한다. 그러나 팀의 '분위기' 때문에 문제를 공유하거나 극복하지 못하는 경우가 허다하다.

최악의 경우는 구성원이 '어차피 이 자리에서 발언해봤자 아무 소용 없어'라는 생각을 품는 경우다. 현실에서 문제를 발견하거나 그 문제를 해결할 아이디어가 생각나더라도 마음속에 꼭꼭 숨기고 입을 꾹 다무는 일이 자주 발생한다. 문제 상황이나 아이디어를 공식 석상에서 논의하기만 한다면 수많은 해결책을 찾아낼 수 있을 테지만, 팀 분위기에 대한 부정적인 감정이 그것을 방해한다.

팀에 대한 부정적인 감정을 배제하고 적극적인 발언과 행동을 이끌어내는 데 중요한 역할을 하는 것이 바로 '심리적 안전감 (psychological safety)'이다. 이는 '팀 내에서 구성원이 어떠한 발언이나 행동을 하더라도 비난받거나 불이익을 받지 않을 것이라는 믿음을 바탕으로 형성된 편안한 심리적 상태'를 뜻한다. 구글은 이 심리적 안전감을 중시하면서 조직을 운영하는 것으로 주목받고 있다. 구글은 4년간 구성원의 학력이나 성비 등 다양한 요소에 바탕을 둔 가설을 세우고 무엇이 팀 성공에 기여하는지 조사했다. 그 결과, 구성원들의 마음속에 있는 '내 의견이 중요하게 받아들여진다'는 믿음이 전체의 성과에 결정적으로 기여하는 것으로 드러났다.

네 번의 기회를 부여하라

그렇다면 무엇이 심리적 안전감을 무너뜨릴까? 네 가지를 꼽을 수 있다. 첫째, '자신이 무지(ignorance)하다고 여겨질지도 모른다는 불안'이다. 어떤 발언을 했을 때 그것도 모르냐는 핀잔을 받으면 심리적 안전감이 크게 위축된다. 이러한 두려움이 만연한 환경이라면 발언이나 행동이 나타나기 어렵다. 최악의 경우에는 구성원이 팀의 현 상황을 제대로 파악하지 못해 의문점이 많은데도 감히 질문할 엄두를 못 내기도 한다. 이런 상태에서 불완전하게 팀 프로젝트를 시작한다면 치명적인 실수를 저지를 수도 있다.

이를 막고 싶다면 '솔직하게 질문할 기회'를 제공하자. 애초에 이와 같은 불안은 '괜히 어설픈 질문을 해서 다른 사람들의 기분을 상하게 하지 않을까?'라는 생각에서 비롯된다. 그러니 어떤 질문을 하더라도 괜찮다는 메시지를 적극적으로 전달하고, 질문하는 것 자체가 훌륭한 일이라고 평가하는 분위기를 공유할 필요가 있다. 이런 환경을 조성할 수만 있다면 무지하다고 여겨질지도 모른다는 불안을 더 이상 느끼지 않을 것이다.

둘째, '자신이 무능(incompetent)하다고 여겨질지도 모른다는 불안'이다. 다른 구성원이 '이 사람, 알고 보니 별거 아니네?'라고 여길까 봐 두려운 마음에 소극적으로 변하고, 자신의 실수를 팀 탓으로 돌려버리는 것이다. 만약 실수를 저지른 팀원에게 "이렇게 간단한 것도 못해요?"라며 핀잔을 준다면 그 팀원은 앞으로 소극적인 사고방식에 사로잡히고 말 것이다.

이를 막기 위해서는 '실수를 공유할 기회'를 마련하는 것이 효과적이다. 여러 사람들의 실수를 접하다 보면 실수에 대한 두려움이 사그라지고, 무엇이든 도전해도 괜찮다는 분위기가 자연스럽게 조성된다. 조직 내에서 구성원들이 일부러 자신의 실수를 공유하며 함께 배우고 성장해가는 자리를 마련함으로써, 실수를 숨기는 것이 바람직하지 않다는 사실을 주지시키는 것이다.

셋째, '자신이 방해물(intrusive)이라고 여겨질지도 모른다는 불안'이다. 팀의 논의를 차단해버릴지도 모른다는 두려움은 적극적으로 발언하지 못하게 하는 원인이 된다. 의외로 논의가 중단되는 것을 두려워하는 바람에 모처럼 머릿속에 떠오른 아이디어를 팀 내에서 공유하지 않는 경우를 종종 볼 수 있다. 이를 막기 위해서는 '발언을 촉진할 기회'를 마련하는 것이 좋다. 가끔 논의가 중단되는 한이 있더라도 의견을 내는 것 자체를 바람직하게 받아들이는 풍토를 조성해야 한다. 누군가가 어떤 의견을 냈을 때 "이 상황에서 그런 말을 해봤자 무슨 의미가 있어?"라고 면박 당한다면, 그 구성원은 심리적으로 위축되어 다음부터 감히 의견을 낼 수 없을 것이다.

마지막으로 '자신이 비판적(negative)이라고 여겨질지도 모른다는 불안'이다. 팀의 방침에 반대하면 다른 구성원들이 자신을 덮어놓고 비판만 하는 사람이라고 생각할까 봐 두려워진다. 이러한 두려움이 구성원들 사이에서 만연하면 윗사람 의견에 무조건 따르기만 하고 자기 의견을 말하지 않는 '예스맨'이 팀 내에 넘쳐나는 결과를 낳는다. 따라서 이를 막기 위해서는 반대 의견을 말할 기회를 마련하고 남들과 다른 의견을 말해도 괜찮다는 풍토를 조성해야 한다.

기억할 것은 이때 자유롭게 의견을 이야기하라고 말해놓고 "그건 절대 아니야"라는 식으로 다른 사람의 의견을 부정해서는 안 된다는 점이다.

팀 내에 발언과 행동에 대한 불안이나 두려움이 만연한 것은 아닌지 걱정된다면 여기에서 소개한 네 가지 기회, 즉 솔직하게 질문할 기회, 실수를 공유할 기회, 발언을 촉진할 기회, 반대 의견을 말할 기회 등을 적극적으로 부여해보자. 이를 바탕으로 심리적 안전감을 조성한다면 구성원의 적극적인 행동과 발언을 쉽게 이끌어낼 수 있을 것이다.

피그만 침공은 무엇 때문에 실패했나

심리적 안정감이 없다면 소통이 막힌다. 그리고 이는 끔찍한 결과를 가져오기도 한다. 1958년, 쿠바에서 공산혁명이 일어나면서 피델 카스트로가 집권하게 되었다. 위기감을 느낀 미국 대통령 아이젠하워는 혁명에 반대해 미국으로 망명한 쿠바인들을 모아 '반혁명 용병대'를 조직했다. 용병대의 목표는 단 하나, 쿠바를 침공해 카스트로 정권을 무너뜨리는 것이었다.

하지만 아이젠하워 후임으로 대통령이 된 케네디는 쿠바를 침공하는 데 주저했다. 케네디는 여러 각료를 모아 쿠바 침공에 대한 의견을 듣고자 했다. 문제는 각료들의 태도였다. 쿠바 침공에 찬성하는 사람들은 침공 계획의 위험성을 일부러 숨겼고, 전문가의 객관적인 조언을 구하지도 않았다. 그 때문에 회의석상에서 반대 의견이 나오지 않은 것은 물론, 제대로 된 토론도 이루어지지 않았다. 그 결과 반혁명 용병대를 앞세운 쿠바 침공 작전은 졸속으로 추진되었고, 처참한 실패로 끝나 미국에 커다란 부담을 주었다. 이것이 바로 피그만 침공이다.

나중에 패배의 원인을 분석해봤더니, 작전의 가부를 결정할 때 반대 의견이나 비판이 전혀 나오지 않아 충분한 검토가 이루어지지 않은 것이 중요한 원인으로 꼽혔다. 이후 케네디는 이를 교훈 삼아 최선의 의사결정을 내리기 위해 토론을 활성화하는 다양한 방법을 도입했다. 그중 가장 효과가 큰 것은 '악마의 대변인'이라는 방법이었다. 대통령의 측근 2명에게 악마의 대변인, 즉 일부러 반대 의견을 말하는 역할을 부여함으로써 새로운 제안의 위험성이나 약점을 철저히 분석하는 방식이다.

이는 적절한 토론으로 이어졌고, 이를 토대로 내린 의사결정은 추후 쿠바 위기를 피하는 데 큰 힘이 되었다. 이처럼 팀 내에 일부러 반대 의견을 내는 역할을 설정하는 것은 심리적 안전감을 공고히 하고 건설적인 토론 분위기를 조성하는 데 효과적인 수단이 될 수 있다.

이 시대가 요구하는
소통법

변화 속도가 나날이 빨라지는 세상인 만큼 팀의 규칙 역시 눈 깜짝할 사이에 고리타분해지는 시대가 되었다. 일정한 성공 공식에 따라 세밀하게 규칙을 세우기가 점점 어려워진 것이다. 규칙을 설정해 소통의 복잡성을 줄여나가는 것은 어느 시대에나 중요한 일이다. 그렇지만 이제는 규칙보다 임기응변이 더 중요한 도구가 되었다. 팀에 예상치 못한 문제가 생길 때마다 구성원들이 서로 대화를 나누고 지혜를 모아 해결책을 마련해야 하는 것이다.

그런데 예전에는 같은 팀 구성원은 대부분 같은 배경을 공유했다. 예를 들어 '신규 대졸자, 남성, 정사원'처럼 구성원이 몇 가지로 분류되는 공통된 배경을 지닌 경우가 많았다. 그런데 지금은 예전보다 노동시장의 유동성이 높아진 것은 물론, 조직의 다양성도 높아졌다. 경력 직원, 여성 직원, 파견 직원, 때로는 외국인 직원까지 가지각색의 구성원이 한 팀을 이루는 경우도 흔하다. 팀원 간 나이 혹은 세대 간극도 더욱 벌어지고 있다. 예전처럼 속성이 비슷한 구성원만 모여 있다면 눈짓 하나만으로도 통하겠지만, 이제는 상대방의 가치관이나 감정을 예전보다 훨씬 세심하게 배려하며 소통해야 한다.

최근 상사와 부하 직원이 한 달에 한 번 혹은 한 주에 한 번꼴로 일대일 면담을 하는 예가 많아졌다. 일본에서는 야후가 '1 on 1'이라 불리는 일대일 면담 제도를 조직 전체에 도입해 화제를 모았다. 1 on 1 제도는 인사 평가나 업무 관리를 위한 제도가 아니라 부하의 성장을 지원하는 제도다. 일반적인 평가 면담에서는 상사가 부하에게 일방적으로 이야기하기 십상이지만, 1 on 1 제도는 상사가 부하의 이야기를 귀담아들으면서 신뢰 관계를 구축하는 데 중점을 둔다.

이때 상사는 업무에 관한 이야기뿐 아니라 부하 직원의 컨디션이나 개인적인 관심사 등에 대해서도 귀담아들으면서 그 사람에 대해 더 깊이 이해한다. 부하 직원의 말을 부정하거나 지시를 내리는 대신 경청하려는 자세는 직장에서 심리적 안전감을 형성하는 데 큰 역할을 한다. 그래서인지 많은 기업이 1 on 1 제도를 주목한다. 이는 기업에서 팀 내 소통의 중요성이 커지고 있을 뿐 아니라, 효과적인 소통에 구성원 간 상호 이해와 심리적 안전감 이 중요한 역할을 한다는 것을 보여주는 증거다.

28년 만에 얻은 메달의 비결

2012년, 런던 올림픽에서 일본 여자 배구 대표 팀이 28년 만에 동메달을 획득했다. 당시 대표 팀 감독이었던 마나베 마사요시(眞鍋政義) 감독은 "저는 세상에서 선수들과 대화를 가장 많이 한 감독일 겁니다. 그 부분에서만큼은 자부심을 느낍니다"라고 밝힌 바 있다.

마나베 감독이 취임할 당시 감독과 선수들 사이에는 소통이 거의 이루어지지 않는 상태였다. 감독이 원하는 플레이가 무엇인지 아무리 열심히 이야기해도 선수들은 이렇다 할 반응을 보이지 않았다. 그러면서도 실력이 부족한 선수를 대상으로 감독이 개인 지도를 하면, 다른 선수들이 "왜 특정 선수만 특별 대우하느냐"면서 불만을 터뜨릴 정도였다.

이런 상황에서 마나베 감독이 세운 목표는 '일단 선수들의 목소리에 귀를 기울이고 소통을 잘하자'는 것이었다. 그는 날마다 선수들과 함께 식사를 하며 그들의 이야기를 들었다. 또 일주일에 걸쳐 모든 선수와 일대일 면담을 하면서 다양한 질문을 던져 각각의 성격을 세밀하게 파악했다. 그렇게 쌓은 데이터를 바탕으로 각 선수와 어떻게 소통하고 어떻게 경기에 활용할지 고민하며 선수 개개인의 컨디션을 살폈다. 코치진과는 매일 맥주를 함께 마시면서 선수들의 상태에 대해 심층적인 이야기를 나눴다.

마나베 감독이 무너진 소통 시스템을 복구하기 위해 한 일은 팀 내 상호 이해를 증진하는 것이었다. 선수와 코치진이 서로에 대해 충분히 이해하자, 승리를 위한 전략과 전술에 초점을 맞춘 소통이 원활하게 이루어졌다. 감독의 지도 방법에 별 반응을 보이지 않던 선수들이 스스로 전술을 제안했고, 감독에게 적극적으로 상담을 요청하기 시작했다. 팀 내 상호 이해가 활발히 이루어지면서 구성원의 부정적인 감정이 사라지고 소통 기능이 제대로 작동하게 된 것이다. 그리고 이러한 변화는 28년 만에 올림픽에서 메달을 획득하는 성과로 이어졌다.

그들은 어떻게
'흥행 보증수표'가 되었나

애니메이션 제작 스튜디오인 픽사(Pixar)
는 작품의 성공 여부를 쉽사리 예상하기 힘든 영화업계에서 지속
적으로 히트작을 내며 성공을 거두고 있다. 요즘처럼 관객의 취
향이나 트렌드가 복잡다단해진 시대에는 결코 쉽지 않은 일이다.

게다가 영화는 일반적으로 '스티븐 스필버그 감독 작품'처럼
감독의 인지도를 내세우는 경우가 많다. 그런데 픽사에서 제작
하는 영화는 '픽사 작품'이라고만 해도 관객이 구름처럼 몰린다.
사실 이는 영화업계에서 매우 드문 일이다. 다른 영화처럼 감독
이름이 아닌 제작사 이름을 내세웠는데도 흥행이 잘되는 비결은

무엇일까?

답은 '픽사의 독특한 제작 방식'이다. 픽사는 팀 단위 작업에 특화되어 있기로 유명하다. 통상적인 제작 과정에서는 감독이 혼자 스토리의 윤곽을 생각하고 어느 정도 완성한 후에야 비로소 팀을 짜 영화를 만든다. 하지만 픽사는 다르다. 누군가가 혼자 스토리를 고민하는 것이 아니라, 믿을 만한 구성원 몇 명이 모여 토론을 거쳐 스토리의 윤곽을 완성해낸다. 이후에도 팀 전체가 모여 논의를 거듭하며 스토리를 세밀하게 다듬어나간다. 톱 플레이어 한 사람의 재능에 의존하기보다는 팀의 힘을 결집해 영화를 만드는 것이다. 이것이 픽사가 끊임없이 히트 작품을 내놓는 원동력이다.

영화 제작 과정에는 팀원들의 아이디어를 이끌어내는 다양한 방법이 녹아 있다. '브레인스토밍 회의'는 몇 달에 한 번씩 모든 스태프가 모여 제작 중인 작품을 서로 평가하는 자리다(다만 감독은 스태프의 평가를 반드시 따를 필요는 없다). '데일리스'는 모든 애니메이터가 미완성 제작물을 감독이나 다른 애니메이터에게 매일 의무적으로 공유하는 제도다. '반성회'는 작품을 완성한 후에 모두 모여 잘한 점과 못한 점을 되돌아보고 다음 작품을 제작할 때 필요한 지침을 정리하는 모임이다. '노츠 데이'는 구성원이 모두 모여 회사를 개선하기 위한 아이디어를 하루 종일 교환하는 날이다.

픽사의 사례는 심리적 안전감이 소통을 활성화하는 데 중요한 요소임을 보여주는 좋은 사례다. 이들은 조직에 심리적 안전감을 형성함으로써 구성원이 느끼는 문제점과 아이디어를 마음껏 공유할 수 있도록 배려한다.

의사소통 법칙이 제대로 작동해야 비로소 구성원끼리 상승효과를 일으키는 진정한 의미의 팀이 될 수 있다. 사회 전체가 유동적이고 다양화함에 따라 서로 다른 배경과 가치관을 지닌 가지각색의 구성원이 같은 팀에서 활동하는 일이 많아졌다. 더 이상 '눈짓 하나'만으로는 통하지 않는 시대인 만큼, 앞으로는 제대로 된 소통이 더욱 중요해질 것이다.

팀 내 소통은 많을수록 좋다는 초보적인 수준의 오류에 빠져 있다면 지금 당장 전략적 소통을 설계해야 한다. 적절한 규칙을 설정해 쓸데없는 소통을 가능한 한 줄이는 방법으로 효율화를 꾀하자. 그런 다음 언뜻 쓸데없어 보일지도 모르는 '서로를 이해하는 소통'과 '안심하고 자기 의견을 말할 수 있는 분위기를 만드는 소통'에 투자해보자. 그렇게 하면 팀 구성원들은 상호 이해와 심리적 안전감을 토대로 효과적으로 협력할 수 있을 것이다.

실전 체크리스트 ✔

☐ 팀의 규칙을 명확히 설정하고 있는가?

☐ 팀원끼리 서로의 과거와 특징을 이해할 기회를 제공하고 있는가?

☐ 문제나 아이디어를 안심하고 공유하는 분위기가 팀 내에 형성되어 있는가?

☐ 다른 팀원의 과거나 특징을 파악한 후 소통에 임하는가?

☐ 자신이 느끼는 문제나 아이디어를 팀원과 망설임 없이 공유하는가?

D

decision

의사결정의 법칙
: 나아갈 길을 제시하라

어떤 팀이든 끊임없이 선택의 갈림길과 맞닥뜨린다.
어느 쪽으로 방향을 돌려야 할까?
순간의 결단이 팀의 운명을 좌우한다.

【decision】
결정, 결단, 결심

어떻게
결정할 것인가

의사결정은 비단 팀 활동뿐 아니라 인간
이 벌이는 모든 활동의 성공에 큰 영향을 끼친다. 우리가 임하고
있는 모든 활동은 연속적인 결단이 쌓여 이루어졌다고 해도 과
언이 아니다. 당신이 지금 이 책을 읽고 있는 것도 무수한 선택
의 결과다. 만약 그때 서점에 들르지 않았다면, 만약 서점에서
다른 책을 샀다면, 만약 책 읽는 시간을 다른 일에 썼다면 지금
이 책을 읽고 있지 않을 것이다.

우리는 이따금 매우 어려운 결단을 내려야 하는 상황에 맞닥
뜨린다. 진학, 취직, 결혼 등 다양한 인생의 갈림길에서 선택하

고 결정해야 한다. 개인의 의사결정도 어려운데, 하물며 팀의 의사결정은 말할 것도 없다. 구성원마다 선택에 대한 의견이 다르기 때문이다. '구두장이 셋이 모이면 제갈량보다 낫다'라는 속담이 있다. 혼자 고민하기보다 여럿이 모여 함께 머리를 맞대야 올바른 결론을 낼 수 있다는 뜻이다. 정말로 그럴까? 사회심리학에서는 이 명제를 정면으로 반박한다. 오히려 사람이 많이 모일수록 부적절한 의사결정을 하게 된다는 학설도 있다.

아쉽게도 학교에서든 회사에서든, 의사결정에 대해 논리적이고 체계적으로 배울 기회는 거의 없다. 4장에서는 하나의 팀으로서 신속하고 적절하게 의사결정을 내리는 방법을 설명하고자 한다.

조직의 의사결정 방식에는 독재, 다수결, 그리고 합의가 있다. 독재는 팀 내에서 특정한 사람이 독단적으로 결정을 내리는 방법이다. 다들 알다시피 다수결은 몇 가지 선택지를 제시하고 구성원 전체의 의견을 물은 후 가장 많은 지지를 얻은 선택지로 결정하는 방법이다. 마지막으로 합의는 구성원 전체가 이야기를 나눈 끝에 하나의 결론을 이끌어내는 방법이다.

이 세 가지 의사결정 방식 중 어느 것이 효과적이라고 생각하는가? 사실 세 가지 방법에는 우열이 없다. 각각 장단점이 있기 때문이다. 크게 '결정에 대한 구성원의 호응도'와 '결정에 걸리는 시간'을 기준으로 생각해볼 수 있다.

독재는 결정권자 외에는 아무도 최종적인 결단에 관여하지 않기 때문에 당연히 결정에 대한 구성원의 호응도가 가장 낮다. 하지만 한 사람이 독단적으로 결정을 내리기 때문에 의사결정에 걸리는 시간이 가장 짧다.

반면 합의는 구성원이 모두 관여하기 때문에 결정에 대한 구성원의 호응도는 가장 높다. 민주주의 체제 아래 나고 자란 사람들은 무의식적으로 함께 합의해서 결정을 내리는 것이 바람직하다고 생각하는 경향이 있다. 하지만 모두가 합의해서 결정하는 팀이 반드시 좋은 팀이라고 말할 수는 없다. 모두 모여 서로 이야기를 나누어야 하는 만큼, 결정에 걸리는 시간이 가장 길어지기 때문이다. 의사결정 속도가 중요할 때는 올바른 방식이라 할 수 없다. 따라서 속도가 중요하다면 누군가 한 명이 독단적으로 의사결정을 하는 것이 최적의 선택이라고 할 수도 있다.

의사결정 방식을 놓고 팀원과 리더의 인식에 간극이 존재하는 팀이 많다. 팀원들은 모두 합의해서 의사결정을 하는 편이 좋다고 생각하는 경향이 강한 반면, 리더는 자기 혼자 결정을 내리는 편이 좋다고 생각하는 경향이 강하기 때문이다. 의사결정 방식에 대한 이러한 팀 내 인식 차이는 구성원들의 불만과 스트레스로 이어진다.

따라서 팀에서 의사결정을 위한 논의와 검토를 시작하기 전에 어떤 의사결정 방식을 활용할지 정해두는 것이 매우 중요하다. 각 의사결정 방식의 장단점을 충분히 이해하고 단점을 가능한 한 줄이려는 노력을 기울일 필요도 있다.

현실에서는 '구성원의 합의로 결정하지 못하면 리더가 결정한다'는 식으로 두 가지 이상의 방식을 조합해 활용하는 사례가 많다. 이런 경우에도 각 방식의 장단점을 이해해야 팀이 처한 상황에 잘 맞는 두 가지 이상의 방식을 조합해 활용할 수 있을 것이다.

조직에서
합리적인 합의를
이끌어내는 법

        세 가지 의사결정 방식 중 하나인 합의를 효과적으로 활용하는 방법을 알아보자. 합의의 가장 큰 단점은 의사결정 시간이 길다는 것이므로, 관건은 결정에 걸리는 시간을 단축하는 것이다. 사회심리학자 찰스 케프너(Charles Kepner)와 사회학자 벤저민 트레고(Benjamin Tregoe)는 문제 해결과 의사결정의 사고 과정을 체계화한 'KT 기법(Kepner-Tregoe Method)'을 고안했다. 이것은 '상황 파악(SA, situation appraisal)', '문제 분석(PA, problem analysis)', '결정 분석(DA, decision analysis)', '잠재적 문제와 잠재적 기회 분석(PPA, potential problem/opportunity analysis)' 등 네 가지로 구성된다. 이 중 결정 분석은 여러 선택지 가운데 가장 적합한 것을 고르는 과정을 설명한다.

여러 선택지 가운데 하나를 골라야 할 때는 흔히 선택지를 쭉 늘어놓고 마구잡이로 토론을 벌이는 경우가 많다. 하지만 그렇게 해서는 시간이 아무리 흘러도 결론을 내리지 못한다. 어렵사리 결론을 내리더라도 왜 그런 결론에 이르렀는지 명쾌하게 납득하기 힘들다.

그런데 결정 분석에서는 선택지를 체계적으로 고르는 방법을 제시한다. 가장 먼저 해야 할 일은 선택지를 고르는 기준을 몇 가지 정하는 것이다. 다음으로 각 기준에 우선순위를 매겨야 한다. 그리고 나서 그 기준을 충족할 것으로 예상되는 선택지를 몇 가지로 추린다. 마지막으로 우선순위가 높은 기준에 부합하는 선택지를 고른다.

예를 들어보자. 우리 회사에서는 조직 개선에 활용하는 도구인 '모티베이션 클라우드'를 운영한다. 이번에 모티베이션 클라우드의 텔레비전 광고에 기용할 연예인을 합의를 통해 선택할 예정이라고 하자.

가장 먼저 해야 할 일은 선택 기준을 정하는 것이다. 텔레비전 광고의 목적은 보다 많은 사람에게 이 서비스를 알리는 것이므로 타깃 고객 사이에서 그 연예인이 얼마나 유명한지, 즉 연예인의 인지도가 선택 기준이 된다. 하지만 인지도가 높다고 무조건 좋은 것은 아니다. 모티베이션 클라우드가 쌓아온 브랜드 이미지와 잘 어울리는 연예인을 선정하는 것이 바람직하다. 당연히 비용이 저렴하면 금상첨화다. 이로써 '타깃 고객 사이에서의 인지도', '브랜드 이미지와 어울리는 정도', '비용'을 선택 기준으로 정할 수 있다.

다음으로 세 가지 선택 기준에 우선순위를 매긴다. 모티베이션 클라우드는 기업을 대상으로 하는 서비스다. 따라서 업무에 모티베이션 클라우드를 도입할지 여부를 결정할 권한이 있는 사람은 경영진, 인사나 행정 분야 관계자, 현장 책임자 등이다. 이 타깃 고객 사이에서 인지도가 낮은 연예인은 다른 조건이 아무리 좋아도 캐스팅할 이유가 없다. 그러므로 우선순위가 가장 높은 선택 기준은 '타깃 고객 사이에서의 인지도'라고 할 수 있다.

한편 모티베이션 클라우드는 수익성이 높은 서비스이므로, 광고 비용을 다소 많이 들이더라도 광고가 효과만 거둔다면 그 비용을 쉽게 회수할 수 있다. 그러므로 우선순위가 가장 낮은 선택 기준은 '비용'이라고 정할 수 있다.

다음으로는 선택 기준을 충족할 것으로 예상되는 선택지를 몇 가지로 추린다. 이 경우에는 '떠오르는 여배우', '거물급 배우', '인기 코미디언'으로 추려보겠다.

마지막으로 선택지를 각 선택 기준으로 평가한다. '타깃 고객 사이에서의 인지도', '브랜드 이미지와 어울리는 정도', '비용'이

	젊은 여배우	거물급 배우	인기 코미디언
타깃 고객 사이에서의 인지도	◎	◎	△
브랜드 이미지와 어울리는 정도	△	○	△
비용	○	△	◎

STEP 1 선택 기준을 정한다

STEP 2 우선순위를 매긴다

우선순위 ①

우선순위 ②

우선순위 ③

라는 세 가지 선택 기준으로 떠오르는 여배우, 거물급 배우, 인기 코미디언을 각각 평가하는 것이다.

그 결과 거물급 배우는 우선순위가 낮은 선택 기준인 '비용' 면에서 평가가 낮았다. 하지만 우선순위가 높은 선택 기준인 '타깃 고객 사이에서의 인지도' 면에서 평가가 높았다. 우선순위가 높은 선택 기준에 부합하기 때문에 최종적으로 거물급 배우를 텔레비전 광고 모델로 선택하게 된다.

이 방식을 취할 때는 기준의 우선순위를 일찌감치 정해두는 것이 매우 중요하다. 우선순위를 정하지 않은 채 마구잡이로 선택지를 비교하면 결정을 내리는 데 시간이 굉장히 오래 걸린다. 어떤 구성원은 떠오르는 여배우를, 어떤 구성원은 거물급 배우를, 어떤 구성원은 인기 코미디언을 각자의 기준으로 추천할 텐데, 선택 기준에 우선순위가 없다면 결론을 내리는 데 며칠이 걸릴지 모른다. 그리고 겨우겨우 결론을 내렸더라도 무엇 때문에 그 선택지로 결정했는지 합리적으로 설명하기도 힘들다. 합의를 빠르고 합리적으로 이루어내기 위해서는, 선택지에 집중하기 전에 선택 기준과 각각의 우선순위를 먼저 정해두어야 한다는 점을 꼭 유념하기 바란다.

올바른 독재가
팀을 행복하게
만든다

오늘날에는 '모두가 합의해 의사결정을 하는 편이 낫다'고 생각하는 경향이 강하다. 세계 역사를 돌이켜 보면, 예전에는 혈통을 중심으로 왕과 귀족이 국가를 다스리는 통치 시스템이었지만, 민주화를 통해 민중이 권력을 손에 쥐게 되었다. 이런 이유에서 합의에 의한 의사결정 방법이 더더욱 널리 지지받는 것 같다.

그러나 이런 식의 결정은 오랜 시간이 걸린다는 커다란 약점이 있다. 그러므로 모두 함께 논의는 하되 최종적으로는 리더가 혼자 결정하거나, 분야에 따라서는 결정할 사람을 미리 정해두는 방법도 좋다. 이제는 환경과 상황이 바뀌는 속도가 점점 빨라지고 있으므로 의사결정에 시간이 오래 걸린다는 것은 치명적인 약점이다. 일본 기업 시가총액 순위 중 상위를 차지하고 있는 소프트뱅크나 유니클로 모두 손정의(孫正義)와 야나이 다다시(柳井正)라는 오너 경영자가 톱다운 방식으로 신속하게 의사결정을 한다는 사실은, 비즈니스에서 속도가 요구되는 현 상황을 상징하는 좋은 사례다.

그러나 독재는 다른 사람 말에 귀를 막고 아무런 정보 수집 없이 결정을 내리는 것이 결코 아니다. 결정권자가 필요한 정보를 충분히 모으고 다양한 각도에서 의견을 청취한 후 결정을 내려야 결정의 정밀도를 높일 수 있다. 즉, 독재도 제대로 하면 다수가 행복해진다. 그렇다면 결정권자가 어떤 식으로 결정을 내려야 다수가 행복해질까?

'좋은 의사결정'이나 '올바른 의사결정'에 지나치게 연연하지 말고, '강한 의사결정'과 '빠른 의사결정'을 염두에 두는 것이 중요하다. 당장 두 가지 선택지 중 하나를 선택해야 한다고 가정하자. 대부분 각 선택지의 장점과 단점이 비슷비슷하다. 그 때문에 선택지의 장점과 단점을 놓고 의견이 분분할지도 모른다. 그런데 이처럼 어느 한쪽을 분명하게 선택할 수 없는 상황이야말로 의사결정이 꼭 필요한 순간이다.

단점보다 장점이 명백하게 큰 것처럼 누가 봐도 채택하는 것이 당연한 선택지는 의사결정의 대상조차 되지 않는다. 극단적으로 말하면, 신속한 의사결정이 가장 필요한 선택지는 단점이 51%이고 장점이 49%인 선택지라 할 수 있다. 이때 어느 선택지의 장점이 51%이고, 어느 선택지의 장점이 49%인지 머리를 감싸고 고민하는 것은 별 의미가 없다. 어차피 비슷비슷하기 때문이다. 어느 쪽이든 신속하게 결정해 앞으로 나아가는 것이 더 중요하다. 빠른 결정을 내린 만큼 실행하는 시간을 벌 수 있다.

손정의 회장은 결정을 내릴 때 '패스트 체스 이론'을 생각한다고 한다. 패스트 체스 이론은 체스에서 5초 이내에 두는 수와 30분 동안 고민한 끝에 두는 수는 실제로 86%가 동일한 수이므로, 되도록이면 5초 이내에 두는 것이 좋다는 개념이다. 후회없는 의사결정이나 올바른 의사결정을 해야 한다는 강박에 사로잡히면, 결정하는 데 시간이 오래 걸리게 마련이다. 그러므로 결정권자는 강력한 의사결정과 빠른 의사결정을 더욱 앞세울 필요가 있다.

이때 특정 선택지를 찬성하는 팀원과 반대하는 팀원수가 엇비슷하다면, 결정권자는 좀처럼 결론을 내리지 못할 수도 있다. 그러나 결정권자는 고립을 두려워하지 말고 팀을 위해 신속하고 강력하게 의사결정을 해야 한다. 만약 이에 익숙지 않다면 일단 회의 자리에서 자그마한 결단을 뒤로 미루지 않는 연습부터 시작해보자. "앞으로 검토해봅시다", "일단 확인해보고 결정합시다"라고 핑계를 대면서 자그마한 결단을 뒤로 미루지 말아야 한다. '그 자리에서 결정한다'는 생각을 갖고 회의에 임하는 것만으로도 팀의 의사결정 능력이 현격히 높아질 수 있다.

또 의사결정에서 더 중요한 것은 그 자체보다 결정을 통해 선택한 방안을 착실하게 실행하는 것이다. 그래서 51%밖에 되지 않는 장점을 60%, 70%로 늘려나가야 한다. 하지만 '다른 선택지가 더 좋아 보였는데 왜 이것을 선택했지?'라는 식으로 구성원들의 불만이 불거져 선택된 방안이 제대로 실행되지 못하는 경우가 자주 발생한다. 결정을 내리기 전 결정권자에게 정보나 의견을 전달하거나 논의를 벌이는 것은 물론 필요하다. 하지만 일단 결정이 내려졌다면 더 이상 다른 의견을 입 밖으로 꺼내지 말아야 한다.

대부분의 선택지에는 51%의 장점과 49%의 단점이 있다. 이 사실을 결정권자뿐 아니라 구성원 전체가 잘 이해하고, 결정권자의 결단을 자신들의 힘으로 올바른 결단이 되도록 뒷받침하겠다는 패기를 보여야 한다. 독재에 의한 결정을 성공시키는 주체는 결정권자만이 아니라, 그 결정을 실행하는 팀 구성원 전체다.

의사결정권자라면 반대를 두려워하지 말고 고독하게 결정하라. 그리고 구성원들은 결정권자를 고독하게 두지 마라. 이는 팀이 올바른 선택을 하는 데 매우 중요한 요소다.

리더, 영향력의 다섯 가지 원천을 갖춰라

'팀에서 내리는 의사결정 성공 여부는 리더의 결단에 달려 있다'는 것은 맞는 말이다. 동시에 '팀에서 내리는 의사결정 성공 여부는, 결정이 내려진 후 구성원들이 얼마나 잘 실행하느냐에 달려 있다'라는 말 역시 사실이다. 구성원들이 팀의 결정에 찬성하고 기꺼이 실행하는 이유는 결정 내용이 마음에 들기 때문이기도 하지만, 결정권자 자체가 마음에 들기 때문이기도 하다. 같은 말이라도 A가 하면 따르고 싶어지지만 B가 하면 듣기 싫어지는 경우, A는 B보다 영향력이 크다고 할 수 있다.

영향력은 다섯 가지 요소에서 비롯된다. 첫째, '전문성'은 구성원이 선망할 만한 기술이나 지식을 갖추는 것이다. 둘째, '상호성'은 구성원이 감사를 표할 만한 관심과 지원을 주는 것이다. 셋째, '매료성'은 멋있다고 느껴질 수 있는 외견적·내면적 매력을 갖추는 것이다. 넷째, '엄격성'은 구성원들이 따를 만한 규율과 위엄을 갖추는 것이다. 다섯째, '일관성'은 구성원에게 흔들림 없는 방침과 태도를 보여주는 것이다.

의사결정에 대해 팀 구성원이 보이는 태도는 영향력의 다섯 가지 원천에 크게 좌우된다. 전문성, 상호성, 매료성, 엄격성, 일관성을 갖춘 구성원을 의사결정권자로 만들거나, 의사결정권자 스스로가 영향력을 행사할 수 있다면 구성원들은 팀의 결단에 적극적으로 찬성하고 기꺼이 실행할 것이다. 그러면 그 팀의 의사결정이 성공할 확률 또한 부쩍 높아질 것이다.

불가능을 가능케 한 역사적인 결정

　　　　　1969년, 아폴로 11호는 인류 최초로 달 착
륙에 성공했다. 달 표면에 발을 디딘 첫 번째 인간인 닐 암스트롱
은 "이것은 한 명의 인간에게는 작은 발걸음이지만, 인류에게는
위대한 도약이다"라는 말을 남기며 수많은 사람들을 감동시켰다.

　냉전시대에 달 착륙 프로젝트의 승자가 된 것은 미국이었지
만, 원래 미국의 우주 개발 수준은 소련에 뒤쳐져 있었다. "지구
는 푸르다"라는 말로 유명한 소련의 우주비행사 유리 가가린이
탄 보스토크 1호는 소련에서 발사한 사상 첫 유인 우주 비행선
이었다. 이에 충격을 받은 미국은 소련에 뒤처진 것을 만회하고

자 했고, 이러한 배경에서 미국 항공우주국(NASA)이 1961년부터 1972년에 걸쳐 실행한 우주 개발 프로젝트가 바로 아폴로 프로젝트다. 결과적으로 아폴로 프로젝트는 아폴로 11호가 처음 달에 착륙한 후에도 총 여섯 번이나 달에 사람을 보냈고, 인류사에 길이 남을 과학기술의 위대한 업적으로 빠지지 않고 인용될 만큼 커다란 성공을 거뒀다.

아폴로 프로젝트 팀에서는 의사결정을 할 때 항상 '선택 기준을 무엇으로 삼을 것인가'부터 검토했다고 한다. 이들은 발사 시기를 언제로 잡을지, 어느 회사의 부품을 사용할지, 어느 부품에 얼마의 비용을 들일지 등 수많은 사안을 놓고 결정을 내릴 때 '어느 안을 선택할지'가 아니라 '어느 선택 기준의 우선순위가 높은지'를 먼저 검토함으로써 신속하고 합리적인 의사결정을 거듭해나갔다. 훗날 이 방식은 '결정 분석'이라는 이름으로 체계화되어 의사결정 기법을 다룬 교재에도 실리게 되었다.

한편 싱가포르는 넓은 국토와 풍부한 자원의 혜택을 받지 못한 자그마한 섬나라임에도 1965년 독립한 이후 눈부신 경제성장을 거두었다. 독립 이전을 포함해 50년 동안 매년 평균 경제성장률은 7.8%를 기록했고, 2000년대에 들어서도 5% 이상의 성장률을 보였다. 뿐만 아니라 최근 20년 동안 명목 GDP가 4.3배로 성장했으며, 2019년 현재 싱가포르의 1인당 GDP는 아시아에서 가장 높다.

싱가포르는 민주주의를 표방하지만, 실제로는 초대 총리인 리콴유가 31년간 독재자로 군림했던 국가다. 리콴유는 어떤 나라든 경제 발전이 우선이고 민주주의는 나중이며, 민주주의로 경제 발전을 이룰 수 없다고 믿었다. 야당을 철저히 탄압해 선거에서 야당 후보가 당선된 지역에는 중앙정부 차원에서 불이익을 주는 일도 있었다. 대표적인 독재국가인 북한을 떠올리게 하는 요소가 많은 탓에 '밝은 북한'이라는 조롱 섞인 표현이 생겨나기도 했다.

리콴유의 독재하에서 싱가포르는 경제성장에 필요한 정책을 활발히 도입했다. 정부의 적극적인 주도 아래 해외 기업을 유치하기 위한 공항, 항만, 도로, 통신 네트워크 등 각종 인프라를 차례차례 구축해나갔다. 또 엄격한 능력주의를 기반으로 선별 교육 시스템과 영어 엘리트 교육을 도입해 싱가포르 최대의 자원인 인재를 육성했다.

정책에는 많은 반발이 뒤따랐다. 해외 기업에 문호를 개방하려고 하자 자국 산업이 쇠퇴하고 일자리를 빼앗길지도 모른다는 우려가 국민들 사이에서 퍼져나갔다. 선별 교육 시스템에서 뒤처진 사람들은 엘리트 중심 교육 정책에 반감을 표했다. 그러나 리콴유는 "뜻을 관철하기 위해서라면 인기에 영합하지 않겠다"라고 말하면서 필요하다고 판단한 정책은 주저 없이 밀어붙였다.

결과적으로 리콴유의 의사결정 기법은 싱가포르의 발전에 크게 공헌했다. 독재라는 방법의 정당성을 놓고 본다면 반발하는 사람이 많겠지만, 의사결정 속도와 효율을 고려했을 때 생각지 못한 큰 효과를 발휘할 수도 있음을 알아두자.

중요한 시점에 내린 결정에 따라 팀의 성과는 크게 달라진다. 만약 의사결정이라는 행위를 소홀히 여긴다면, 팀은 잘못된 방향으로 나아가게 될 것이다. 그러니 의사결정을 할 때 이 세 가지를 기억하자. 하나, 가장 먼저 의사결정 방법을 정해둔다. 둘, 리더는 구성원의 반발을 두려워하지 말고 대담하게 결단을 내린다. 셋, 일단 결정이 나면 구성원 전체가 이것이 올바른 결단이 되도록 뒷받침한다. 이 세 가지를 팀 전체가 공유한다면 결정의 정밀도는 비약적으로 높아질 수 있다. 그 순간, 당신의 팀은 미지의 길을 용감하게 헤쳐나가는 팀으로 거듭날 것이다.

실전 체크리스트 ✔

☐ 팀이 상황에 따라 최적의 의사결정 방법을 선택하는가?

☐ 팀 내에서 신속하고 합리적으로 논의를 벌이는가?

☐ 팀 내에서 의사결정권자가 고립을 두려워하지 않고 결단을 내리는가?

☐ 리더의 의사결정을 '올바른 결단'으로 만들기 위해 자진해서 활동하는가?

☐ 결단이 필요한 시점에 강력하고 신속하게 의사결정을 할 수 있는가?

engagement

공감의 법칙

: 온 힘을 쏟아라

누군가와 팀을 이뤄 활동한다는 것은
결코 당연하게 이루어지는 일이 아니다.
각각의 구성원과 팀을 이어주는 '끈'이 필요하다.

【engagement】
약속, 업무, 참여

모든 사람에게는
자신만의
이유가 있다

여기서도 팀에 대해 많은 사람들이 품고 있는 오해를 하나 짚고 넘어가보자.

'프로는 기분에 좌우되지 않고 언제든 최선을 다해 맡은 일을 해낸다.'

과연 그럴까? 팀에서 활동하는 구성원은 다양한 동기 (motivation)를 지니고 있다. 여기서 '동기'란 특정 행동을 일으키는 의식적·무의식적 원인을 뜻한다. 이런 맥락에서 동기를 '특정 행동을 선택하는 이유'라 정의하고자 한다.

예를 들어 배구 동아리 회원이 훈련에 참가했다고 하자. 이 행위에는 의식적·무의식적 '이유'가 존재한다. 이 경우 동기는 곧 '팀 훈련에 참가하는 이유'다. 날마다 팀 훈련에 참가하다 보면 더 이상 동기가 존재하지 않는 듯한 착각도 들지만, 아무 이유 없이 팀에서 활동하는 사람은 결코 없다.

구성원에게는 동아리 훈련에 참가하는 것 외에 여러 가지 선택지가 있다. 훈련을 하지 않고 놀러 갈 수도 있고, 다른 동아리로 옮겨서 활동할 수도 있다. 그러나 팀 훈련에 참가하려는 동기가 더 강하기 때문에 실제로 훈련에 참가하게 된다. 다른 선택지가 엄연히 존재하는데도 '배구 동아리의 훈련에 참가한다'는 행동을 선택한 데는 이유, 즉 동기가 존재한다.

동기는 '있다' 혹은 '없다'로 표현할 수도 있지만, '높다'나 '낮다'로 표현할 수도 있다. 배구 동아리 훈련에서 훈련 방법 A는 실력을 부쩍 높이는 훈련이지만 무척 힘들고, 훈련 방법 B는 실력을 그다지 높이는 훈련이 아니지만 편하게 할 수 있다고 하자. 이때 방법 A를 선택하면 동아리 활동에 대한 동기가 높다고 평가할 수 있다.

프로의 활동도 동기에 좌우된다. 환경 변화에 쉽사리 흔들릴 것 같지 않은 뛰어난 프로 운동선수라도 관객이 줄어들고, 감독이 꼴 보기 싫어지고, 동료와 불화가 생기면 동기는 낮아진다.

"아무리 그래도 프로인 이상, 언제나 강력한 동기를 갖고 훈련과 경기에 임해야 하는 거 아니야?"라고 말하는 사람도 있을 것이다. 하지만 그 선수가 연봉을 하나도 못 받게 되더라도 똑같은 주장을 할 수 있을까? 혹은 야구 선수에게 억지로 축구를 시켜도 동기를 그대로 유지할 수 있을까? 아무리 프로라도 그런 상황에서 높은 동기를 유지하기는 힘들 것이다. 사소한 일로 동기를 떨어뜨리지 않는 것과 동기의 영향을 아예 부정하는 것은 별개의 문제다.

인간은 기계가 아니기에 의식적이든 무의식적이든 행동에는 이유가 따른다. 따라서 '프로는 기분에 좌우되지 않고 언제든 최선을 다해 맡은 일을 해낸다'가 아니라 '모든 사람이 동기에 좌우되는 상태로 업무를 보고 있다'라고 인식을 바꾸어야 한다.

여기서는 팀에 공헌하려는 동기를 다른 의미의 동기와 구별하는 의미로 '공감(engagement)'이라 표현하고자 한다. 이 단어는 기본적으로 '약속'이라는 뜻을 지니고 있는데, 여기서는 '팀과 구성원의 결속'으로 이해하면 좋을 것이다. 팀과 구성원의 결속력이 높다면 팀에 공헌하려는 의욕도 그만큼 높아진다. 5장에서는 팀에 공헌하려는 구성원들의 의욕을 효과적으로 높이는 방법을 알아볼 것이다.

사람은 정신력으로
움직이지 않는다

       팀원의 동기를 높이려면 리더가 열정적으로 독려하는 것이 중요하다는 오해는 특히 유교 문화권에서 흔하다. 특히 유교 문화권에서는 동기를 끈기나 정신력과 혼동하는 경우가 많다. "정신 차려!", "끈기를 발휘해!"라고 외치면 팀원의 동기가 높아질 것이라고 생각하는 사람도 있다. 하지만 그것이 과연 적절한 접근법일까? 팀원의 동기, 팀에 대한 구성원의 공감도를 높이는 데 무엇이 중요하게 작용할까?

    마케팅 분야에는 고객의 구매 의욕을 높이는 '4P'라는 개념이 있다. 여기서 4P는 제품을 의미하는 'product', 가격을 의미하는

'price', 유통을 의미하는 'place', 광고를 의미하는 'promotion'을 가리킨다. 마찬가지로 팀원의 공감을 높이는 4P를 꼽을 수 있다. 기업 철학을 뜻하는 'philosophy', 기업이 벌이는 활동을 뜻하는 'profession', 기업 내 인적자원을 가리키는 'people', 마지막으로 기업에서 얻을 수 있는 특권을 의미하는 'privilege'다.

예를 들어 대학교 신입생이 되어 동아리를 선택하려는 상황이라고 치자. 당신은 축구나 야구보다 배구를 좋아하기 때문에 배구 동아리에 들어갈 생각이다. 이는 배구라는 활동(profession)의 매력에 끌렸기 때문이다.

그런데 같은 배구 동아리라도 전국 제패를 꿈꾸며 진지하게 경기에 임하는 A 동아리가 있고, 부담 없는 취미 수준으로 배구를 즐기는 것을 목표로 하는 B 동아리가 있다고 가정하자. 만약 A가 아닌 B 동아리에 가입했다면, 그 이유는 B 동아리의 철학(philosophy)에 매력을 느꼈기 때문이라고 할 수 있다.

이때 B 동아리와 마찬가지로 가볍게 배구를 즐기는 것이 목표인 C 동아리에 마음이 잘 통할 것 같은 선배들이 있다면 C 동아리에 가입할 수도 있다. 동아리 내 인적자원(people)을 기준으로 동아리를 선택했다고 할 수 있다.

하나 더, C 동아리와 마찬가지로 마음이 잘 통할 것 같은 선배들이 있는 D 동아리가 있다고 가정해보자. D 동아리는 유명 기업에 다니는 졸업생을 많이 배출한 곳이다. 그렇다면 취직에 유리할지도 모른다는 이유로 D 동아리를 선택할 수도 있다. 이는 동아리를 통해 얻을 만한 특권(privilege)의 영향을 받은 행동이라고 할 수 있다.

동아리든 회사든 자신이 참여할 팀을 고를 때는 4P 중 하나이상 매력을 느끼는지를 기준으로 삼는다. 강력한 동기를 갖추고 활동할 수 있는 팀을 찾아내려면 일단 자신이 4P 중 어느 것에 매력을 느끼는지 명확히 알아야 한다. 그리고 그런 관점에서 매력을 느끼는 팀을 선택하는 것이 중요하다. 따라서 팀 입장에서 팀원들의 결속을 높이려면 이 4P의 매력을 높이는 것이 중요하다.

인게이지먼트(공감 창조)의 4P

philosophy
(이념·철학)

profession
(활동·성장)

people
(인적자원·풍토)

privilege
(우대·특권)

어느 부분에
공감시킬 것인가

공감의 총량을 늘리기 위해 4P 중 어느 부분에서 공감을 높일지 전략적으로 범위를 좁히는 것은 효과적인 접근법이다. 팀이 지닌 자원, 즉 돈과 시간은 유한하기 때문에 구성원이 원하는 바를 무제한으로 충족시킬 수 없다. 따라서 어떤 요구를 들어주고 어떤 요구를 들어주지 않을지 정한 다음 전략적으로 자원을 분배해야 한다.

예를 들어 어떤 팀이 지닌 철학, 활동, 인적자원, 특권의 매력이 각각 70이라고 하자. 매력의 총량은 70×4＝280이다. 이 팀에 구성원 4명이 모였다. A는 철학에 의해, B는 활동에 의해 공감도가 높아지는 유형이다. 또 C는 인적자원에 의해, D는 특권에 의해 공감도가 높아지는 유형이다. 이 경우 4명의 공감도는 각각 70이고, 팀으로서의 공감 총량은 70×4＝280이 된다.

한편 또 다른 팀은 철학의 매력이 100이고 활동, 인적자원, 특권의 매력이 각각 60이라고 하자. 매력의 총량은 앞 팀과 마찬가지로 280이다. 그런데 이 팀에 모인 팀원 4명은 모두 철학에 의해 공감도가 높아지는 유형이라고 하자. 이 경우에는 4명의 공감도가 각각 100이므로 팀으로서의 공감 총량은 100×4＝400이 된다.

당연히 4P의 모든 요소에 대한 공감도를 최대한으로 높이는 것이 가장 좋다. 하지만 공감도를 높이기 위해서는 시간과 돈을 투자해야 한다. 투자 대비 효과를 높이려면 4P 중 어느 것을 팀의 가장 큰 장점으로 삼을지 정하고 그 요소를 강화한 다음, 거기에 강하게 공감하는 구성원을 사로잡는 접근법이 바람직하다.

여기서 잠시 컨설팅 기업 맥킨지(McKinsey & Company), 일본의 미디어 그룹 리크루트, 그리고 엄청난 영향력을 자랑하는 글로벌 미디어 그룹 디즈니(The Walt Disney Company)를 들여다보자. 이곳의 직원들은 자사나 고객에 대한 공헌 의식이 매우 높다고 알려져 있다. 이는 다시 말해 공감도가 높다는 뜻이다.

맥킨지는 4P 중 활동에 집중한다. 이곳에 다니는 많은 직원들은 '젊은 나이부터 힘들지만 혁신적이고 중대한 업무를 할 수 있다'는 동기로 일한다. 그들은 자신이 어떤 일을 담당하느냐가 어떤 동료와 함께 일하느냐보다 중요하다고 생각하는 직원이 많다는 인상을 준다.

리크루트는 인적자원의 매력에 집중한다. 이곳 직원들에게 입사 이유를 물어보면 '매력적인 선배가 근무하고 있었기 때문'이라고 대답하는 사람이 많다. 리크루트는 상사와 부하의 관계가 끈끈하기로 유명하며, 이러한 인간관계가 구성원의 열정을 높이는 요인으로 보인다.

한편 디즈니는 기업 철학이 주는 매력이 큰 곳이다. '꿈의 나라', '행복한 세계' 등 디즈니 특유의 콘셉트에 이끌려 입사한 직원이 많다. 디즈니에서 일할 수만 있다면 시설, 직종, 급여는 별로 상관없다고 말하는 사람도 충분히 있을 법하다.

4P 중 어느 부분에 집중하든 각각 장단점이 있다. 활동에 집중하는 경우에는 구성원에게 주어지는 업무 할당과 역할 배정에 각별히 신경 써야 한다. 이 경우 리더와 구성원이 업무 외의 친목 모임을 피하는 경향이 있기 때문에 소통 비용을 절감할 수 있다.

반대로 인적자원에 집중한다면 소통 비용이 많이 든다. 그 대신 구성원의 관계를 중시하는 마음이 크므로 협력이 필요한 업무를 원활하게 진행할 수 있다.

철학에 집중하는 경우에는 업무 할당 비용과 소통 비용이 모두 절감된다. 하지만 각 구성원의 목표와 팀의 목표를 융합하는 방법이 중요한 문제로 떠오른다. 또 구성원들은 팀의 철학에 합치하지 않는 새로운 시스템을 도입할 경우 받아들이기 힘들어할 것이다.

4P를 빠짐없이 제공하려고 하면 소통과 업무 할당, 목표 설정 등에 소요되는 막대한 비용을 모두 부담해야 한다. 앞서 예로 든 기업들은 직원에게 어떤 매력을 더 많이 제공할 것인지에 대한 전략이 명확한 편이다. 이들 기업에서 일한 적이 없는 외부인조차 맥킨지가 활동의 매력에, 리크루트가 인적자원의 매력에, 디즈니가 철학의 매력에 집중한다는 사실을 어렴풋하게나마 느낄 수 있다는 점은 중요하다. 이 기업들은 4P 중 어느 부분에서 공감을 높이는 전략을 세우고 있는지 매우 명확하기 때문에 회사 내부뿐만 아니라 외부로도 그 매력이 확산된다. 결과적으로 그 기업에서 일하고 싶어 하는 외부인의 공감도를 높이는 효과가 나타나는 것이다.

물론 네 가지 매력을 골고루 높이는 것도 중요하다. 특정한 매력이 20~30 정도로 매우 낮다면, 다른 매력이 아무리 높아도 공감도는 그다지 높아지지 않을 것이다. 따라서 기본적으로 어느 매력에 집중해 구성원의 공감도를 높일 것인지 전략적으로 정하고 조직을 정비하는 것이 효과적이다. 지금 당신의 팀원이 팀의 어느 부분에 공감하면서 활동하는지 불분명하다면, 먼저 공감도에 대한 기준을 명확히 정하기 바란다.

팀원의 공감도,
숫자로 산출하기

팀에 대한 공감은 눈에 보이지 않기 때문에 추상적으로 생각하는 경향이 많다. 사실 이를 산출하는 아래와 같은 식이 존재한다.

공감도 = 보상·목표의 매력(하고 싶다) × 달성 가능성(할 수 있다) × 위기감(해야 한다)

예를 들어 이어달리기 선수의 공감도를 생각해보자. 열심히 달리는 도중에 아무리 숨이 차더라도 승리에 대한 공감도를 애써 유지하고 어려움을 극복할 수 있는 이유는 우승한 후에 누릴

영광을 떠올리거나(보상·목표의 매력), 일단 다음 1km를 3분 안에 달려보자고 생각하거나(달성 가능성), 내가 뒤떨어지면 다른 선수에게 미안하기 때문(위기감)이다. 앞서 소개한 4P에 공감도 산출식을 어떻게 적용할지 생각해보자.

먼저 디즈니 같은 철학형 공감도는 어떨까? '세상 모든 사람에게 어린 시절의 행복을 느끼게 해준다'라는 목표를 정한다면(보상·목표의 매력), 그 중간 목표로 '입장객 1,000만 명', '입장객 2,000만 명', '입장객 3,000만 명' 등을 설정할 수 있다(달성 가능성). 그리고 목표와 과정에 크게 기여하지 못한다면 그에 대한 페널티로 조직에서 배제될 수 있다(위기감).

맥킨지는 어떨까? '기업의 체질을 완전히 바꾼다'라는 목표를 정한다면(보상·목표의 매력), 프로젝트 내의 역할을 어소시에이트, 컨설턴트, 프로젝트 매니저 등으로 나눌 수 있다(달성 가능성). 그리고 자신에게 할당된 역할에 걸맞은 공헌을 하지 못한다면 그에 대한 페널티로 역할을 제한받는다(위기감).

한편 리크루트 같은 인적자원형 공감도를 높이고 싶다면 '일체감 있는 조직을 만든다'라는 목표를 정할 수 있다(보상·목표의 매력). 이 경우 직장 내의 역할을 리더, 매니저, 제너럴 매니저 등으로 나눌 수 있으며(달성 가능성), 목표에 공헌하지 못하면 페널티로 직장에서 칭찬받을 기회가 박탈될 것이다(위기감).

마지막으로 특권형 공감도의 예를 들어보자. '연봉 1,500만

공감도

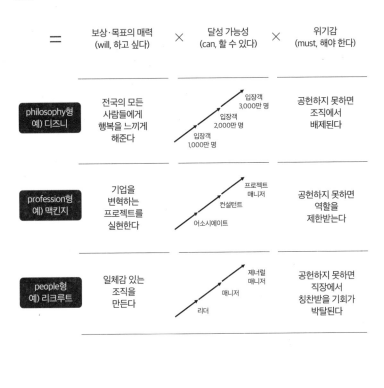

	보상·목표의 매력 (will, 하고 싶다)	달성 가능성 (can, 할 수 있다)	위기감 (must, 해야 한다)
philosophy형 예) 디즈니	전국의 모든 사람들에게 행복을 느끼게 해준다	입장객 3,000만 명 입장객 2,000만 명 입장객 1,000만 명	공헌하지 못하면 조직에서 배제된다
profession형 예) 맥킨지	기업을 변혁하는 프로젝트를 실현한다	프로젝트 매니저 컨설턴트 어소시에이트	공헌하지 못하면 역할을 제한받는다
people형 예) 리크루트	일체감 있는 조직을 만든다	제너럴 매니저 매니저 리더	공헌하지 못하면 직장에서 칭찬받을 기회가 박탈된다

엔을 받는다'는 목표를 정한다면(보상·목표의 매력), 그 중간 목표로 '연봉 800만 엔', '연봉 1,000만 엔', '연봉 1,200만 엔' 등을 설정할 수 있다(달성 가능성). 그리고 목표에 제대로 공헌하지 못하면 그 페널티로 연봉 인상이 제한되고 상여금이 줄어든다(위기감).

즉 '구성원의 공감도를 높이기 위해서는 리더가 열정적으로 독려하는 것이 중요하다'는 명제가 완전히 틀린 것은 아니지만, 그보다는 구성원의 공감도를 높이는 방정식을 팀에 도입하는 것이 중요하다. 만약 팀원들의 공감도가 높아지지 않는 이유를 파악할 수 없다면, 공감도부터 명확히 산출해보길 바란다.

'감정적 보상',
충분히
하고 있습니까

기업이 존속하고 발전해나가기 위해서는 상품시장, 자본시장, 노동시장 등 세 가지 시장에서 선택받아야 한다. 시장은 남들과 가치를 교환하는 곳이다. 상품시장에서는 고객에게, 자본시장에서는 투자자에게, 노동시장에서는 인재에게 선택받아야 한다.

상품시장에서는 기업이 고객에게 상품을 제공하고, 고객은 기업에 대가를 지불한다. 마찬가지로 노동시장에서는 기업이 인재에게 보상을 제공하고, 인재는 기업에 시간과 행동 및 그 결과로 성과를 제공한다. 만약 인재가 기업이 제공한 보상에서 공감을 느끼지 못한다면, 기업의 성과로 이어지는 행동을 줄이거나 다른 기업으로 이직하게 된다.

생산 비중이 제조업에서 서비스업으로 이행하면서 노동시장의 중요성은 나날이 높아지고 있다. 2차 산업인 제조업에서 상품을 만드는 데 필요한 것은 공장과 설비, 그리고 그것을 운영하기 위한 자금이었다. 그래서 상품시장에서 경쟁력을 갖추기 위해서는 자본시장을 중시해야 했다. 하지만 3차 산업인 서비스업에서는 상품을 만들거나 소비자에게 전달할 때 가장 중요한 것이 인재다. 이제 상품시장에서 경쟁력을 갖추기 위해서는 노동시장을 중시해야 한다. 노동시장의 유동성, 즉 이직률은 예전에 비해 한층 높아졌기 때문에 기업에 대한 공감이 낮아지면 직원은 곧바로 기업을 떠나버린다. 이것이 바로 인재의 공감도를 높이는 일이 중요해진 이유다.

과거에는 텔레비전 드라마에서 기업이 궁지에 몰리면 주인공이 자금을 융통하기 위해 은행을 돌아다니며 머리를 조아리는 장면을 볼 수 있었다. 그러나 지금은 자금 부족이 아니라 인재 부족으로 위기에 처하는 기업이 늘어나고 있다. 물론 노동시장이 중요해졌다고 해서 상품시장의 중요성이 떨어지는 것은 아니다. 하지만 노동시장에 쏟아야 할 자원을 모두 상품시장에 쏟는다면 일시적으로 실적을 올릴지도 모르지만, 대신 조직이 활력을 잃기 십상이다. 그리고 그 결과 인재가 떠나버리면 결국 성과도 실적도 슬금슬금 떨어진다.

이제는 노동시장에서 경쟁력을 갖추고 인재에게 선택받는 기업이 되어야 살아남을 수 있다. 그러기 위해서는 기업이 공감도에 힘을 쏟아야 한다. 중·장기적 관점에서 보면 모든 기업과 팀은 구성원의 공감도를 높이는 것을 최우선 과제로 삼아야 한다.

지금까지 소개한 공감도의 4P는 사실 크게 두 가지로 나눌 수 있다. 금전적 보상이나 지위적 보상으로 분류할 수 있는 특권과 감정적 보상으로 분류할 수 있는 철학, 활동, 인적자원이다. 여기서 금전적 보상이나 지위적 보상은 눈에 잘 띄지만, 감정적 보상(이념에 대한 공감, 업무에 대한 보람, 동료와의 유대감 등)은 눈에 잘 띄지 않는다.

그런데 눈에 잘 띄지 않는 감정적 보상의 영향력이 점점 커지고 있는 것이 현시대의 흐름이다. 과거에 비해 사회 전체가 물질적으로 풍요로워진 오늘날은, 많은 사람이 일에서 물질적인 풍요와 더불어 정신적인 풍요까지 바라게 되었다. 그러므로 "월급 받으니까 잔말 말고 일해"라는 말은 더 이상 통용되지 않는다. 이제는 사람들이 월급만 받기 위해 일하는 것이 아니기 때문이다. 따라서 앞으로 팀은 금전적 보상과 지위적 보상뿐 아니라 감정적 보상까지 중시해야 할 것이다.

공감도가 높아지면
성과도 높아진다

일본의 여성 아이돌 그룹 AKB48이 음반 판매 5,000만 장을 돌파하면서 여성 아티스트로서 역대 1위를 기록했다는 사실은 앞에서 언급한 바 있다. AKB48은 수백 명이 넘는 멤버 수를 유지하며 팬들의 다양한 요구를 충족해왔다. 멤버가 많은데도 개개인의 열정은 전혀 떨어지지 않는다. 멤버들은 라이브의 완성도가 높으면 기뻐서 어쩔 줄 모르고, 퍼포먼스가 마음에 안 들면 눈물을 흘리면서 팀 활동에 공헌하고자 온 마음으로 노력한다.

이 같은 모습은 공감도를 높이는 구조가 팀 시스템에 녹아 있기에 가능하다. 일단 AKB48은 철학이 매력적이다. 초기의 AKB48은 '도쿄 돔에서 공연한다'라는 명확한 목표를 설정했다. 아키하바라의 소극장에서 시작한 아이돌 그룹이 도쿄 돔에서 공연한다는 비전을 보상·목표의 매력으로 설정한 것이다. 그리고 그 여정을 '아키하바라의 소극장에서 도쿄 돔까지의 거리 1,830m'라고 명기하고, 모두 함께 한 걸음씩 앞으로 나아가는 과정을 형상화하며 달성 가능성을 느끼게 만들었다.

또 AKB48에는 '연애 금지'라는 암묵적인 규칙이 있다. 만약 연애를 하다가 발각되면 탈퇴해야 한다. 팀의 프로듀서인 아키모토 야스시는 "연애하는 고교 야구 선수가 고시엔(일본 전국 고교 야구 선수권 대회)에 출전하기는 어려운 법입니다"라는 발언을 한 적도 있다. 이는 비전을 실현하는 데 방해가 되는 행동을 했을 때 페널티를 받을 수 있다는 위기감을 느끼게 하는 효과가 있다.

다음으로 전문성의 매력을 살펴보자. AKB48의 모든 멤버는 평소의 활동을 1년에 한 번 '선발 총선거'로 평가받는다. 이때는 팬 투표를 통해 멤버에게 순위를 매기고, 높은 순위를 받으면 싱글곡을 부를 수 있는 특전을 준다. 이는 보상·목표의 매력이 설정된 것이라고 할 수 있다. 또 싱글곡 멤버로 선발되기까지 거치는 과정도 '퓨처 걸스 → 넥스트 걸스 → 언더 걸스 → 선발 멤버' 식으로 단계를 설정해 달성 가능성을 실감하게 한다. 반대로 평소 활동에 성실히 임하지 않고 낮은 순위를 받으면 여러 활동 기회를 박탈당하는 페널티를 받는다. 이는 위기감을 느끼게 하는 장치라고 할 수 있다.

마지막으로 인적자원의 매력을 알아보자. AKB48에는 직책에 의한 서열이 존재한다. 그 대표적인 것이 '총감독'이다. 다른 멤버들의 신뢰를 얻으면 모두를 통솔하는 총감독으로 뽑힐 수 있다. 이는 보상·목표의 매력을 제공한다. 그리고 그곳에 이르는 과정도 팀 A, 팀 K, 팀 B 등 다양한 그룹의 '리더'라는 직책으로 단계가 설정되어 있다. 달성 가능성을 느끼게 만드는 장치다. 반대로 다른 멤버들에게 신뢰를 얻지 못하면 직책에 뽑힐 수 없다. 이는 위기감을 느끼게 하는 장치다.

AKB48 역시 다른 아이돌과 마찬가지로 성공하면 부와 명성을 얻을 수 있다. 이는 금전적 보상과 지위적 보상에 해당하는 특권이다. 하지만 AKB48의 열광적인 공감도에는 철학, 전문성, 인적자원 등의 감정적 보상이 더욱 큰 영향을 미쳤다고 분석할 수 있다.

아무리 훌륭한 목표를 설정하고 정교한 규칙을 설계했다 하더라도, 결국 그것을 운용하는 주체는 팀 구성원이다. 그리고 구성원은 특정한 동기로 움직인다. 예전에는 돈이 동기의 원천인 경우가 많았다. 그래서 팀이나 리더는 구성원의 동기에 그다지 신경 쓰지 않았다. 돈을 많이 주면 성과를 낸다는 단순한 구도가 성립했기 때문이다.

그러나 사회 전체가 풍요로워지자 사람들이 더 이상 돈만으로는 움직이지 않게 되었다. 그럼에도 아직 많은 팀에서 동기나 공감도를 잘못 이해하고 제대로 관리하지 않고 있다. "월급 받으니까 잔말 말고 받은 만큼 일해!"라는 식의 시대착오적 발언을 하거나, "의욕을 내보자!"라고 외쳐서 동기를 높이려는 어리석은 방법을 쓰는 팀도 많다.

일단 팀원이 팀의 어느 부분에 공감하며 자신만의 동기를 생성하도록 할지 명확히 정해야 한다. 그리고 나서 팀 내에 끊임없이 공감을 생성하는 구조를 도입해야 한다. 눈에 보이지 않는 동기와 공감도에 과학적이고 논리적으로 접근해보자. 이것이야말로 활기찬 팀을 만드는 방법이다.

실전 체크리스트 ✔

☐ 금전적·지위적 보상뿐 아니라 감정적 보상도 구성원에게 제공하고 있는가?

☐ 팀의 어느 부분에 공감하도록 할 것인지 명확히 정했는가?

☐ 구성원이 팀의 매력을 느낄 만한 구조를 도입했는가?

☐ 자신이 무엇을 바라며 팀에 합류했는지 확실히 인식하고 있는가?

☐ 팀이 구성원의 공감을 창출하는 데 기여하고 있는가?

팀의 함정

성과를 낮추는 4가지 덫

심리학에 따르면 개인은 집단의 분위기에 이끌려 자신의 태도를 결정한다.
'팀의 함정'을 피해야 하는 가장 큰 이유다.

팀을 무너뜨리는
함정을
제거하라

팀은 공통 목표를 지닌 두 사람 이상의 구
성원으로 이루어진 집단이다. 우리는 혼자서는 목표를 달성할
수 없거나, 누군가와 함께해야 목표를 실현할 수 있을 때 팀을
만든다. 혼자서 낼 수 있는 성과가 100이라고 한다면, 기본적으
로 둘이서는 200, 셋이서는 300의 성과를 낼 수 있을 것이다. 이
러한 효과를 '덧셈 성과'라고 한다.

한편 팀의 효과를 '곱셈 성과'로 만들 수도 있다. 팀을 어떻게
구축하느냐에 따라 혼자서 낼 수 있는 성과를 100에서 120 혹은
140까지 높일 수도 있다. 예를 들어, A와 B가 따로따로 일할 경

우 각자 낼 수 있는 성과가 100이라고 하자. 그런데 둘이서 팀을 이루고 각자 자신의 특기 분야에 집중하도록 역할을 적절히 분담한다면 각자의 성과는 100보다 커질 수 있다. 이것을 '곱셈 성과'라고 한다.

곱셈 성과를 내기 위해서는 당연하게도 적재적소에 인재를 배치하는 것이 중요하다. 구성원 각자의 모티베이션 타입과 포터블 스킬을 파악하고, 팀 내의 다양한 활동에서 요구되는 지향점과 능력을 분석해 각 구성원을 가장 알맞은 활동에 투입하는 것이다. 이렇게 해야 팀의 성과를 최대로 높일 수 있다. 또 지금까지 설명한 팀의 법칙을 활용함으로써 팀에 곱셈 성과를 불러올 수도 있다.

그러나 이따금 팀을 구성함으로써 성과를 떨어뜨리는 경우도 있다. 예를 들어, 혼자서 100이라는 성과를 낼 수 있는 구성원이 팀을 이루자 100보다 적은 80이나 60의 성과밖에 내지 못하는 경우다. 이른바 '나눗셈 성과'다. 왜 이런 일이 일어날까? 그것은 팀이 함정에 빠졌기 때문이다. 이번 장에서는 팀이 빠질 수 있는 여러 함정을 소개하고, 그 대응책을 설명하려고 한다. 팀의 법칙과 병행해 실천한다면 팀의 성과를 더욱 높일 수 있을 것이다.

"나 하나쯤이야"
_ 태만의 함정

'사회적 태만(social loafing)'이라는 심리학 용어가 있다. 20세기 초에 활동한 프랑스 학자 막시밀리앙 링겔만(Maximilien Ringelmann)의 이름을 따서 '링겔만 효과(Ringelmann Effect)'라고도 부른다. 링겔만은 집단이 커질수록 한 사람이 내는 성과가 줄어드는 현상을 밝혀냈다.

팀을 이루어 정원의 잡초를 제거한다고 가정해보자. 3명이 10시간 걸리는 작업이라면, 10명이 3시간 만에 끝낼 수 있을 것이다. 하지만 실제로는 10명이 함께 작업하면 3시간 이상 걸린다. 이는 팀 전체가 '나 하나쯤이야'라는 태만의 함정에 빠졌기 때문이다. 3명이 잡초를 제거할 때는 각자 '내가 열심히 하지 않으면 안 돼'라고 생각하지만, 10명이 잡초를 제거할 때는 각자 '나 하나쯤 덜 해도 괜찮지 않을까?'라고 생각하게 되는 것이다.

이 함정에 빠지지 않기 위해서는 구성원의 '주인 의식'을 높이는 것이 중요하다. 하지만 이때 리더가 "주인 의식을 가져보자!"라고 외치는 것은 가장 어리석은 방법이다. 그보다는 주인 의식을 높일 수 있는 자연스러운 장치를 팀 내에 도입하는 것이 좋다. 주인 의식을 키우기 위해 관리해야 할 핵심 사항은 세 가지다.

첫째, '인원수'가 적을수록 주인 의식이 높아진다. 팀의 인원수가 일정 수준에 도달하면 구성원을 나누어 큰 팀 안에 작은 팀이 여러 개 소속된 형태를 만들어보자.

둘째, '책임' 소재를 점검한다. 누가 책임을 질 것인가가 분명하지 않으면 당연히 주인 의식은 떨어질 수밖에 없다. 3장 '소통의 법칙'에서 소개한 규칙 설정 방법을 활용해 책임 범위와 평가 대상을 명확히 정할 필요가 있다.

셋째, '참여감'을 느끼도록 해야 한다. 여러 가지 의사결정이 자신과 상관없는 곳에서 진행된다면 팀 전체의 일이 점점 남의 일처럼 느껴질 것이다. 4장 '의사결정의 법칙'에서 소개한 의사결정 기법을 적절하게 도입해 팀원들이 보다 강한 참여감을 느끼도록 해보자. 앞서 언급한 리크루트는 직원들이 강한 동기를 갖고 있는 것으로 유명하다. 실제로 창업자 에조에 히로마사(江

副浩正)는 다양한 방식을 활용해 구성원의 주인 의식을 높이는 데
성공한 바 있다.

예를 들어, 'PC(profit setter)'라는 제도가 있다. 이것은 각 부서
를 하나의 자그마한 회사로 가정하고 직원 각자에게 손익계산서
를 작성하게 하는 방법이다. 인사 팀처럼 언뜻 손익계산서를 작
성하기 어려운 듯 보이는 부문에서도 특별한 관리회계 규칙을
만들어 손익계산서를 작성하게 했다. 예컨대 인사 팀이 회사에
채용한 인원수가 늘어나면 인사 팀의 매출이 늘어나고, 인사 팀
의 인원수가 늘어나면 인건비와 임대료가 늘어난다는 식의 규정
이다. 이렇게 각 부서는 분기마다 결산해서 손익계산서를 산출
한다.

또 'NewRING'이라는 제도는 신규 사업을 기획하고 제안할
기회를 모든 직원에게 열어놓은 시책이다. 이를 통해 경영진이
나 몇몇 고위 임원뿐 아니라 직원들도 회사의 미래를 구상할 수
있다는 의식이 직원들 사이에 널리 퍼졌다. 리크루트는 이런 제
도들을 통해 책임을 명확히 하고 참여감을 강화해 주인 의식을
높일 수 있었다. 다시 강조하지만, 팀이 '나 하나쯤이야'라는 태
만의 함정에 빠지지 않도록 구성원의 주인 의식을 꾸준히 높여
나가야 한다.

"그 사람이 그렇게 말하니까"
_ 권위의 함정

사회심리학자 로버트 치알디니(Robert Cialdini)의 세계적인 베스트셀러 『설득의 심리학(Influence: The Psychology of Persuasion)』에서는 인간의 의사결정에 그릇된 영향을 끼치는 요인 중 하나로 '권위'를 꼽는다.

인간은 지위나 경험 면에서 권위를 지닌 사람을 신뢰하는 경향이 강하다. 그래서 특정 분야에서 지명도 높은 조직이나 영향력 있는 사람의 의견에 그대로 따르려는 심리를 지닌다. 그런데 조직에서는 이러한 권위가 생각지도 못한 형태로 악영향을 끼칠 때가 있다. '(권위를 지닌) 그 사람이 그렇게 말하니까'라고 생각하는 권위의 함정에 빠지는 것이다. 결국 지위가 높고 경험이 많은 구성원의 말을 무작정 따르는 바람에, 혼자서는 결코 하지 않을 잘못된 의사결정을 하고 만다. 조직의 성과가 뚝 떨어질 수밖에 없다.

결정의 법칙에서는 의사결정 방법 중 하나인 독재의 효과를 속도라는 관점에서 설명했는데, 이 의사결정 방법을 잘못된 형태로 운용하거나 남용하면 '그 사람이 그렇게 말하니까'라는 함정에 빠지기 십상이다. 결정권자가 결단을 내리는 데 너무 익숙해져서, 구성원이 가지고 있는 정보를 충분히 공유하지 않은 채 의사결정이 이루어지는 경우도 있다. 결정권자에게 아무도 의견을 말하지 않는 상황이 지속되면, 깊이 생각하지 않은 채 결정을 내려버리기도 한다.

또 소통의 법칙에서 소개한 심리적 안전감이 제대로 조성되지 않으면 '어차피 말해봤자 소용없어', '말해봐야 부정당할 게 뻔해'라는 식으로 개개인의 주체성을 깎아먹는 감정이 각자의 마음속에 강하게 자리 잡는다. 결과적으로 수동적인 태도만 조장될 뿐이다.

따라서 권위의 함정에 빠지지 않기 위해서는 팀 내에 논의 과정을 도입하는 것이 중요하다. 현실적으로 항상 그럴 수는 없을 것이나 가끔씩은 직급·직책과 상관없이 대등하게 논의할 수 있는 자리, 구성원이 결정권자에게 직접 제안할 수 있는 자리를 마런함으로써 이 함정에 빠질 위험성을 줄일 수 있다.

독재라는 의사결정 수법은 최종적인 결정을 혼자 내리는 방식일 뿐이지, 논의를 하지 않는 것이 결코 아니다. 오히려 결정을 내리기 전에 충분한 논의를 거치는 것은 적절하게 독재를 돕는 일이다.

단기간에 급성장한 IT 기업 사이버 에이전트에서는 이러한 논의 시스템을 팀에서 제대로 활용하고 있다. '내일 회의'라는 임원 합숙 프로그램에서는 임원이 직원들과 팀을 이루어 사장에게 신규 사업을 제안하고, 사장은 그 제안을 수용할지 말지 결정한다. 합숙 기간에 제안한 많은 사업안들이 실제로 가결되어 추진되기도 한다. 이는 사장의 톱다운 방식 의사결정과 직원들의 적극적인 제안 문화를 양립한 좋은 예다. 이처럼 권위의 함정에 빠지지 않도록 팀에 적절한 장치를 도입할 필요가 있다.

"다들 그렇게 말하니까"
_ 동조의 함정

전통적인 경제학에서는 인간이 합리적으로 행동한다고 가정한다. 경제학에서 자주 쓰는 '공리적'이라는 말은 자신에게 가장 이득이 되는 선택을 한다는 뜻이다. 이처럼 스스로의 경제적 이익을 최대화하는 것을 유일한 행동 기준으로 삼는 인간을 '호모이코노미쿠스'라고 부르기도 한다.

하지만 현실에는 이러한 호모이코노미쿠스가 존재하지 않는다. 인간은 감정으로 움직이는 동물이며, 때로는 비합리적인 행동을 마다하지 않는다. 행동경제학은 이처럼 전통적인 경제학으로는 이해하기 힘든 인간의 비합리적인 행동을 심리학적 관점에서 논리적으로 설명하려는 시도라고 할 수 있다. 2002년에는 대니얼 카너먼(Daniel Kahneman)이, 2017년에는 리처드 세일러(Richard Thaler)가 노벨 경제학상을 수상하면서 행동경제학은 전 세계적으로 주목받기 시작했다.

행동경제학에서는 '동조(conformity)'라는 심리적 편향을 중요하게 생각한다. 어떤 선택으로 얻을 수 있는 경제적 합리성뿐 아니라 주변 사람들과 같은 선택을 해야 마음이 놓이는 동조성이 인간의 판단에 영향을 준다고 지적한다. 줄이 길게 늘어서 있는 식당을 발견하면, 특별히 그 식당에 가려는 마음이 없었는데도 한번 가보고 싶어지는 것도 동조 심리 때문이라고 할 수 있다.

한 몰래카메라 실험에서는 환자가 병원의 진료실에 갔더니 모든 사람들이 발가벗고 있는 것을 보고 주변 사람들에게 동조해 옷을 벗는 흥미로운 실험 결과가 나오기도 했다. 독서실에 공부하러 갔지만 다들 잡담하고 있는 것을 보고 자신도 그 잡담에 끼어드는 바람에 시험을 망쳤다는 이야기는 비일비재하다.

문제는 동조가 나쁜 쪽으로 작용하는 상황이다. 팀 내에서 혼자 활동했을 때 100이라는 결과를 낼 수 있는 사람이, 50의 성과밖에 내지 못하는 다른 구성원을 보고 '다들 열심히 안 하네?'라고 생각하며 자신의 성과까지 낮추는 일도 충분히 일어날 수 있다. 이 함정에 빠지지 않기 위해서는 팀의 분위기를 의식적으로 관리하는 것이 중요하다. 개인은 집단의 분위기에 이끌려 자신의 태도를 결정하려는 경향이 강하기 때문이다.

사람이라면 대부분 자신의 태도를 자신의 의사가 아니라 주변의 태도를 보고 결정하려는 성질을 지니고 있다. 팀의 철학에 긍정적인 견해를 지닌 사람이 20%, 중립적인 사람이 60%, 부정적인 견해를 지닌 사람이 20% 있다고 하자. 이 상태에서는 긍정적인 견해와 부정적인 견해가 균형을 이루고 있기 때문에 어느 한쪽으로 동조가 일어나지 않는다.

그런데 얼마 뒤 부정적인 견해를 지닌 사람이 하나둘 늘어나더니 30%까지 증가했다고 가정해보자. 그러면 긍정적인 견해를 지닌 사람이 20%, 중립적인 사람이 50%, 부정적인 견해를 지닌 사람이 30%가 된다. 이런 상태에서는 팀에 부정적인 견해가 긍정적인 견해보다 많아졌으므로 부정적인 견해 쪽으로 동조가 일어날 가능성이 커진다. 이대로 방치하면 결과적으로 부정적인 견해를 지닌 사람들이 꾸준히 늘어나게 된다. 그러다가 이들이 과반수를 장악하면, 동조에 의해 전체가 부정적인 태도를 추종하기 때문에 팀의 분위기를 바꾸기가 매우 힘들어진다.

물론 팀 내에 긍정적인 태도를 보이는 사람만 가득해도 팀은 좋은 방향으로 나아갈 수 없다. 구성원들이 주변 눈치만 살피면서 남들을 따라 무조건 찬성하고 반대 목소리를 내지 않는 팀은 가끔 그릇된 상황 판단으로 잘못된 결정을 내리기도 한다. 조직의 철학에 부정적인 태도를 지닌 구성원이 어느 정도 존재해야 전체가 편향된 사고에 빠지지 않을 수 있다. 결론적으로 팀 분위기는 지나치게 긍정적이어도 안 되고, 지나치게 부정적이어도 안 되는 셈이다.

분위기를 관리하기 위해서는 '스포트라이트'와 '인플루언서'의 관점이 중요하다. 스포트라이트는 팀 내에서 특정한 태도를 보이는 구성원에게 일일이 주목해서, 전체적으로 긍정적인 사람이 많은지 부정적인 사람이 많은지 그 실태를 공유함으로써 팀 분위기를 관리하는 접근법이다. 한편 '인플루언서'는 팀 내에서 특별히 다른 구성원에게 영향력이 강한 사람과 접촉해 그 사람으로 하여금 팀 분위기를 전환하도록 유도하는 접근법이다.

리크루트는 창업자인 에조에와 2인자였던 오사와 다케시가 교육심리학과 출신이어서인지 조직 경영에 심리학 지식을 도입하곤 했다. 우선 업무에 적극적으로 임하는 사람을 수상식과 사내 네트워크 등에서 공개적으로 칭찬하는 데 힘을 쏟았다. 또 에조에는 직원이 경영 철학에 지나치게 긍정적인 태도를 보이는 것은 개개인의 독립심을 해친다고 생각해 토론을 활성화하기 위한 사내 소통을 강화했다. 소통을 담당한 팀이 경영에 비판적인 메시지를 내보이자, 일반 직원들도 경영진이나 주변 의견에 휘둘리지 않고 각자가 경영 철학에 대해 생각해보는 분위기가 조성되었다. 이처럼 팀 분위기를 세심히 관리하면 팀 전체가 동조의 함정에 빠지는 일을 막을 수 있다.

"그 사람부터 그렇게 하니까"
_ 닻 내림의 함정

행동경제학에서는 '닻 내림 효과(anchoring effect)'라는 심리적 편향도 중요시한다. 이는 처음 제시한 수치나 원칙이 일종의 기준점(anchor, 닻)으로 머릿속에 각인되어, 그 후의 인상이나 행동에 영향을 끼치는 심리 현상을 말한다. 예를 들어, 어느 기업이 신규 개발한 상품 A를 10만 엔에 판매했다고 하자. 그로부터 1년 후에 다른 기업이 유사한 상품 B를 5,000엔에 판매한다면 많은 사람들이 저렴하다고 느낄 것이다. 하지만 그것은 상품 A를 기준으로 싸다고 느끼는 것일 뿐, 상품 자체에 대한 객관적인 평가라고는 할 수 없다.

이러한 심리 현상이 팀에는 마이너스로 작용할 수 있다. 원래 100이라는 성과를 낼 수 있는데 60이라는 성과밖에 내지 못하는 주변 사람을 보면서 '나도 60이라는 성과만 내도 괜찮지 않을까' 하고 의식적으로 혹은 무의식적으로 생각해버리는 것이다.

특히 리더는 구성원의 기준점이 되기 십상이다. '리더가 지각 하니까 나도 지각해도 되겠지', '리더가 남의 말을 잘 듣지 않으 니까 나도 안 들어도 되겠지'라는 식으로 구성원들이 리더를 자 기 입맛에 맞는 기준점으로 삼는 경우가 허다하다. 이러한 함정 에 빠지지 않기 위해서는 팀 내에 바람직한 '기준'을 명확히 제시 하는 것이 중요하다. 1장 '목표 설정의 법칙'에서 소개한 의미 목 표·성과 목표·행동 목표, 그리고 3장 '소통의 법칙'에서 소개한 책임 범위·평가 대상에 관해 각 구성원에게 바라는 기준을 명확 히 제시하는 것이다.

또 팀 내에서 누가 기준을 충족하고 누가 그렇지 못하는지 공 유하는 것도 필요하다. 자기 입맛에 맞는 기준점을 고르는 것이 아니라, 팀으로서 바람직한 기준으로 삼아야 할 구성원의 성과 와 행동을 선택할 필요가 있다.

일본 프로야구 구단 한신 타이거스는 1985년에 우승을 차지한 이후, 1987년부터 2001년까지 15년간 열 번이나 최하위에 머문 '암흑 시대'를 겪었다. 그러다가 2003년, 호시노 센이치(星野仙一) 감독의 지도하에 한신 타이거스는 18년 만에 센트럴 리그 우승을 차지한다. 그 후로는 매년 우승 후보로 꼽히는 강호가 되었다.

한신 타이거스의 부활에는 선수 사이에 있던 '기준'이 영향을 미쳤다고 한다. 한신 타이거스는 본래 간사이 지방에서 매우 인기 많은 구단으로, 연고지 구단을 향한 팬들의 사랑이 대단하기로 유명했다. 그 때문에 리그 성적이 나빠도 선수들은 그다지 위기감을 느끼지 못했고, 컨디션이 안 좋다는 이유로 훈련을 쉬는 일도 흔했다.

그런데 이런 분위기는 한 선수가 입단하면서 완전히 달라졌다. 그 선수는 바로 가네모토 도모아키(金本知憲)다. 가네모토는 풀 이닝 연속 출장 세계 기록(1,492경기)을 보유하고 있는 철인이다. 3할대 타율에 도루도 곧잘 하고 수비까지 완벽해 '삼박자를 갖춘 선수'라고 불리는 점도 물론 훌륭하지만, 다른 선수들에게 커다란 긍정적 영향을 끼친다는 점이 더욱 돋보이는 선수였다. 자기 관리에 철저한 프로답게 어떤 상황에서도 훈련과 경기를 쉬지 않고 끈질기게 임하는 자세를 동료들에게 보여준 것이다. 덕분에 팀 전체의 기준이 높아지고 다른 선수들이 야구에 임하는 자세가 달라졌다. 팀이 전혀 다른 모습으로 탈바꿈한 것이다.

기준은 팀 전체의 성과를 낮추기도, 높이기도 하는 장치가 된다. 따라서 팀이 닻 내림의 함정에 빠지지 않으려면 기준 자체를 올바르게, 그리고 명확하게 제시할 필요가 있다.

운명을 바꾼
'팀의 법칙'

막다른 골목에서 부활한
팀의 이야기

팀의 법칙을 실천하는 동안 우리 팀에 나타난 구체적인 변화,
그리고 그로 인해 완전히 달라진 팀과 회사의 이야기를 공유하고자 한다.

내가 '팀의 법칙'을
시작한 이유

2010년, 나는 소속되어 있던 관리 부문을 떠나 리먼브러더스 사태로 실적이 급감한 조직 인사 컨설팅 부문으로 이동했다. 그로부터 2년 반 동안 실적을 회복하려고 나름대로 고군분투했지만 결과는 좋지 않았다. 그 때문에 2012년 여름, 나는 망연자실한 상태였다.

실적도 줄어들고 회사 사정마저 어려워지자 퇴직자가 줄을 이었다. 당시에는 팀 분위기가 너무 나빴기 때문에 날마다 회사에 가서 팀원과 얼굴을 마주하는 것이 고역일 정도였다. 어느 달, 내가 어떻게든 그달의 실적을 달성하려고 머리를 쥐어짜고 있을 때, 목표에 한참 못 미친 동료들이 일찌감치 포기하고 술을 마시러 나가버렸다. 터덜터덜 걸어 나가는 동료들의 쓸쓸한 뒷모습은 아직도 잊을 수 없는 광경으로 남았다.

실적에 관련해서도, 조직에 관련해서도 아무것도 해내지 못하는 나 자신에 대한 무력감이 극심했다. 스스로가 너무 한심하게 느껴졌다. 이 회사에서, 이 팀에서 계속 일해봤자 뾰족한 수가 나올 것 같지 않다는 고민이 싹트기 시작했다.

그런 상황에서 한 후배가 이렇게 말했다.

"고객에게 조언하는 조직 변혁의 노하우를 우리 팀에서 먼저 실천해보는 것은 어떨까요?"

그 순간 나는 뒤통수를 세게 얻어맞은 것 같은 느낌이 들었다. 부끄럽게도 그동안 컨설팅을 의뢰한 기업의 경영자에게는 우쭐대며 조언했지만, 지금껏 그것을 우리 팀에 제대로 적용해보려는 시도조차 하지 않았던 것이다. 그때부터 고객 기업을 위한 조직 변혁의 노하우를, 그보다 인원이 적은 우리 팀에서 활용할 수 있는 '팀의 법칙'으로 바꾸고 철저히 실천하기 시작했다.

그 후 우리 팀은 어떻게 되었을까? 놀랍게도 매출이 무려 10배나 올랐다. 실적이 향상되었을 뿐 아니라 조직 상태도 극적으로 개선되어 30%이던 퇴직률이 2%대로 줄어들었다. 기존 인사 컨설팅 사업이 다시 본궤도에 안착한 것은 물론, 우리 팀이 신규 사업으로 일본 최초로 선보인 조직 개선 클라우드인 모티베이션 클라우드가 세간의 주목을 받기도 했다. 회사의 시가총액 역시 10배 높아졌다. 상상했던 것 이상의 변화가 찾아온 것이다.

이번 장에서는 우리 팀의 사례를 상세하게 소개하고자 한다. 팀의 법칙을 구체적으로 활용하는 본보기로서 도움이 된다면 좋겠다.

의미 목표는
팀원들의 행동을 바꿨다

내가 우리 팀에서 처음으로 실천한 것은 목표 설정의 법칙이었다. 세 가지 목표를 바탕으로 당시의 우리 팀을 돌이켜보면 성과 목표는 '매출'이었고, 행동 목표는 '경영자에게 종합적인 조직 변혁 컨설팅을 제안한다'로 설정했다. 문제는 불명확한 의미 목표였다. 분기마다 무턱대고 성과 목표인 매출을 좇으며 전전긍긍했지만, 매출은 오르기는커녕 한없이 떨어지기만 했다. 그러다 보니 어느 순간부터 무엇을 위해 매출을 올리려고 하는지조차 알 수 없게 되어버렸다.

그래서 팀의 의미 목표를 명료하게 정하기로 했다. 우리 팀은 회사에서 '모티베이션 엔지니어링으로 조직에 변혁의 기회를 제공한다'라는 미션을 수행하고 있었다. 여기서 모티베이션 엔지니어링은 팀이 지닌 노하우와 기술을 총칭하는 말이다. 우리는 원점으로 돌아간다는 의미를 담아, 그 미션을 그대로 팀의 의미 목표로 설정했다.

그리고 이 의미 목표와 실제로 처한 상황을 비교하며 그 사이에 커다란 괴리가 있음을 깨달았다. 우선 의미 목표에 포함된 '변혁'이라는 단어는 단순히 사원 연수를 개최하거나 인사 제도를 새로 만드는 차원에 그치지 않았다. 이 말은 고객과 함께 근본적인 조직 변화를 추구하려는 우리 자세를 보여주는 말이었다. 그러나 실제로는 매출이라는 눈앞의 성과 목표를 달성하는 데만 급급하다 보니, 고객과 함께 근본적인 변화를 추구하는 데 소홀해졌다. 그리고 고객은 우리의 그런 부실한 태도를 민감하게 간파하고 거래를 중단했다.

그래서 우리 팀은 '변혁'이라는 의미 목표를 토대로, 매출 외에 '재의뢰율'이라는 성과 목표를 정했다. 재의뢰율이란, 우리에게 컨설팅을 받은 클라이언트 기업이 프로젝트가 끝난 후 다시 새로운 프로젝트를 발주하는 비율을 뜻한다. 조직에 대한 고민은 기업에서 완전히 사라지지 않는 과제이기 때문에, 우리 프로젝트가 고객의 혁신에 제대로 공헌했다면 고객은 반드시 다음 프로젝트도 우리에게 맡길 것이라고 생각했다.

재의뢰율이라는 성과 목표는 매출 못지않게 변혁이라는 의미 목표와 합치했다. 그 결과 구체적으로 팀원들의 행동을 바꾸어 놓았다. 예전에는 한 고객의 프로젝트가 끝나면 곧장 다른 고객의 프로젝트로 눈을 돌리는 경우가 많았다. 그러나 재의뢰율을 성과 목표로 설정한 후, 팀원들은 한 프로젝트가 끝나고 나서도 꾸준히 그 추진 상황을 관리했다.

결과적으로 40%밖에 되지 않던 재의뢰율이 3년 후에는 80%까지 올랐다. 그와 함께 매출도 쑥쑥 올라 약 3억 엔이던 우리 팀의 매출이 5년 후에는 그 10배인 30억 엔에 달했다. 이전까지 우리 팀은 극단적으로 말하면 회사가 내려준 매출이라는 성과 목표의 노예였다. 하지만 팀의 의미 목표를 설정하고 그에 맞춰 성과 목표를 바꿈으로써 놀라운 성과를 이끌어낼 수 있었다.

게다가 우리 팀의 변혁은 기존 사업을 재정비하는 데 그치지 않았다. 성과 목표로 정한 재의뢰율을 80% 이상으로 높이기 위해서는 비즈니스 모델 자체를 완전히 바꿔야 했다. 컨설팅 서비스는 매번 클라이언트 기업의 과제에 잘 어울리는 맞춤형 프로젝트를 제안하기 때문에 고객 상황에 따라 다음 발주를 받지 못하는 경우도 있다. 그러므로 재의뢰율을 80% 이상으로 높이기 위해서는 신규 사업을 도입할 필요가 있었고, 그렇게 탄생한 것이 일본 최초의 조직 개선 클라우드 서비스인 모티베이션 클라우드였다.

모티베이션 클라우드는 고객 기업의 직원들을 조사하고 조직 상태를 정량화·가시화하는 서비스다. 조직 상태에 관한 일본 최대 데이터베이스를 바탕으로 '인게이지먼트 스코어(ES)'라는 형태로 조직 상태를 수치화할 수 있다. 많은 기업이 사업 활동을 평가할 때 적어도 6개월이나 분기에 한 번씩 매출과 이익을 수치화하고 PDCA 사이클을 돌린다. 그런데 조직 관리에 대해서는 느낌이나 경험에만 의지하는 경향이 크다. 모티베이션 클라우드에서는 ES를 통해 6개월이나 분기에 한 번씩 조직 상태를 보여주는 PDCA 사이클을 돌릴 수 있다. 매월 일정한 금액을 지불하면 기업에 새로운 경영 지표를 제공하는 이 서비스는, 매번 달라지는 고객의 상황에 의존하지 않고 거래를 지속할 수 있어 재의뢰율을 극적으로 향상시킬 것으로 기대했다.

'조직에 정량 지표를 제공한다'는 콘셉트로 탄생한 모티베이션 클라우드는 출시되자마자 많은 기업의 긍정적 반응을 얻으며 큰 성공을 거두었고 재의뢰율은 95%를 넘어섰다. 1개월을 기준으로 서비스 해약률은 0.5%에 불과하다. 이에 따라 우리 팀은 고객 기업의 조직 변혁을 돕는 컨설팅 파트너로서 지속적으로 서비스를 제공할 수 있게 되었다. 변혁이라는 의미 목표와 그것을 실현하기 위한 재의뢰율이라는 성과 목표에 집중했기 때문에 이 신규 사업을 성공시킬 수 있었던 것이다.

성과는 이에 그치지 않았다. 우리 팀이 발안한 이 신규 사업은 외부 투자가에게 혁신성, 성장성, 안정성을 높이 평가받아 회사의 주가가 일시적으로 약 10배까지 치솟았다. 결국 의미 목표가 팀의 성과 목표를 바꾸고, 성과 목표가 비즈니스 자체를 바꿔놓았다. 우리 팀은 회사 자체를 바꾸었다. 겨우 몇십 명에 불과한 팀이 목표 설정의 법칙을 활용해 직원 1,000명 이상의 기업을 근본적으로 바꿔놓을 수 있었던 것이다.

새로운 방식의
팀 빌딩은
효율성을 높였다

이전에 우리 팀이 벌인 조직 인사 컨설팅 사업은 팀 활동의 네 가지 유형 가운데 이어달리기형이었다. 조직 인사 컨설팅 사업에서는 각 팀원이 자신의 담당 프로젝트를 책임지고 성공시키는 것이 무엇보다 중요하다. 소통 능력과 논리적 사고의 균형이 잡힌 컨설턴트를 팀원으로 모집하고, 각 팀원에게 각자의 프로젝트를 어느 정도 자신의 선에서 완결시킬 것을 요구한다. 또 조직 인사 분야에서는 일정한 트렌드보다는 보편적인 원리 원칙을 철저히 이해하고 대응하는 것이 중요하다. 그러므로 신규 대졸자를 중심으로 팀원을 채용해 균질적이고 고정적인 팀을 구성해야 성과를 올릴 수 있었다.

그런데 이러한 방식의 팀 구성은 기존 사업을 전개하는 데 알맞았지만, 신규 사업인 모티베이션 클라우드에서는 그렇지 않았다. 따라서 조금 다른 방식으로 팀원을 선정할 필요가 있었다.

모티베이션 클라우드는 프로덕트 매니저, 디자이너, 엔지니어, 마케터, 영업자, 컨설턴트, 커스터머 서포터 등이 똘똘 뭉쳐 하나의 서비스를 만들어내고, 이를 고객에게 전달하는 활동이다. 따라서 다양한 능력과 배경을 지닌 구성원이 밀접하게 협력해야 성공할 수 있다. 또 IT 비즈니스는 변화와 경쟁이 매우 심하므로, 가능한 한 빠른 속도로 사업을 전개하고 늘 유연하게 환경에 대응해야 한다.

그러나 그때까지 조직 인사 컨설팅에만 임해온 우리 회사에는 엔지니어도, 디자이너도, 마케터도 없었다. 그래서 나는 외부 파트너 기업에 소속되거나 프리랜서로 활동하던 인재로 하여금 회사에 상주하도록 하는 형태로 팀원을 충원했다. 우수한 엔지니어, 디자이너, 마케터 등에게 일일이 접촉해 설득했다. 실력 있는 프로일수록 스카우트하려고 하는 기업이 많기 때문에 그들은 내 제안을 선뜻 받아들이지 않았다. 하지만 '모티베이션 엔지니어링으로 조직에 변혁의 기회를 제공한다'라는 미션을 이야기하며 설득하자, 다양한 인재들이 차례차례 우리와 함께하기 시작했다.

밀접하게 협력하기 위해 외부 파트너 기업이나 프리랜서로 활동하는 인재에게도 모티베이션 클라우드 프로젝트의 경영 회의에 참가하도록 했다. 우리 회사로서는 이례적인 일이었다. 하지만 그 덕분에 다양한 구성원이 상황에 따라 신속하게 협력하는 축구형 팀을 만들어낼 수 있었다.

결과적으로 모티베이션 클라우드는 구상을 시작한 지 반년도 채 지나지 않아 상품을 출시하는 데 성공했다. 외부 파트너 기업과 함께 완성한 모티베이션 클라우드는 일본에서 '굿 디자인 베스트 100'에 선정되는 등 높은 평가를 받았다. 바로 얼마 전까지만 해도 엔지니어나 디자이너조차 없던 우리 회사로서는 상상도 못한 결과를 창출해낸 것이다. 구성원 선정의 법칙을 바탕으로 팀원을 찾아 충원함으로써 팀의 힘을 비약적으로 키울 수 있었던 값진 경험이었다.

각자의 '사용 설명서'는
팀워크를 강화했다

우리 팀이 시작한 신규 사업 모티베이션 클라우드는 내부 직원들뿐 아니라 외부 파트너 기업과 프리랜서 인재까지 아우르는 구성원으로 이루어졌다. 그 덕분에 지금까지 사내에 없던 엔지니어, 디자이너, 마케터, 크리에이터 등 다양한 재능을 갖춘 팀원들을 모을 수 있었다. 이들은 오랜 세월 한곳에서만 일하던 우리 회사 직원들과 경력이나 배경이 완전히 다른 구성원들이었다.

물론 배경이 다른 만큼 업무 추진 방법과 소통 방식의 전제가 전혀 달라 세밀한 부분에서 갈등이 발생하기도 했다. 이러한 갈

등으로 서로에 대한 불신이나 불안감이 생겨나고, 그것이 소통을 더욱 방해하는 일도 일어났다. 결과적으로 팀 내 협력이 부족해져 개발 계획이 대폭 지연되었다. 마케팅에서는 사내 구성원과 외부 파트너 사이에 소통 실수가 자주 발생해 불필요한 수정 작업을 해야 했다.

서로 다른 환경에서 일해온 팀원끼리 원활히 협력하기 위해서는 규칙을 설정하고 확산하는 것이 중요하다. 그러나 상황이 시시각각 변화하는 신규 사업에 적절하게 대응하기 위해서는 규칙뿐 아니라 원활하고 활발한 소통도 중요하다. 이런 관점에서 우리 팀이 도입한 방법이 '사용 설명서'와 3장에서 언급한 모티베이션 그래프다.

원래 사용 설명서는 사용자가 제품을 올바로 사용할 수 있도록 사용법을 이해하기 쉽게 설명한 문서다. 이 점에 착안해 팀원들끼리 서로를 최대한 활용할 수 있도록 각 팀원을 이해하기 쉽게 설명한 사용 설명서가 있으면 좋지 않을까, 하는 생각이 들었다. 그렇게 모든 팀원이 각자 자신의 사용 설명서를 작성했다. 설명서에는 자신의 인생 '경험'과 '감각'을 보여주는 모티베이션 그래프, 자신의 '능력'과 '지향점'을 기술한 포터블 스킬과 모티베이션 타입, 이 밖에 자신이 어떤 일에 기쁨을 느끼고 어떤 일에 슬픔을 느끼는지, 다른 팀원들이 자신을 어떻게 대해주면 좋을지 등의 내용도 기재했다.

사용 설명서를 작성하자 처음으로 함께하는 팀원끼리도 상대방의 맥락을 이해하고 소통할 수 있게 되었다. 그러자 서로에 대한 부정적인 감정이 점차 사라지고, 효과적이고 효율적인 소통이 늘어났다. 나 자신조차 파트너 기업이나 프리랜서 출신 팀원과 소통할 때 되도록 상대방의 배경을 이해하려고 했다. 그리고 그 업무가 상대방의 경력에 어떤 의미가 있는지, 상대방의 어떤 장점을 살려 그 업무에 임하면 좋은지 등 세세한 사항까지 전달하려고 했다.

또 팀 내에서는 한 달에 한 번 모티베이션 그래프를 공유하기로 했다. 그러자 같은 직장에서 일하는 것만으로는 파악하기 힘든 팀원들의 다양한 감정을 깨달을 수 있었다. 자신은 전혀 신경 쓰지 않는 사소한 일이 상대방의 동기를 크게 낮출 수도 있다는 의외의 깨달음을 얻기도 했다. 동기를 낮추는 요소나 프로젝트가 잘 진행되지 않는 이유 등을 밝히면서 서로 이해하는 기회를 마련함으로써 심리적 안전감을 조성할 수 있었다.

어느 날 모티베이션 클라우드의 디자인을 담당한 외부 디자이너에게 다음과 같은 메시지를 받았다.

"저는 지금까지 살아오는 동안 진심으로 '멘토'라고 부르고 싶은 사람을 만나지 못했지만, 지금은 인생에서 처음으로 아사노 씨를 멘토라고 부르고 싶어졌습니다. 앞으로도 업무 파트너로서, 친구로서 교류하면서 저의 상담에 응해주신다면 무척 기뺄 것 같습니다. 모티베이션 클라우드를 통해 제 미래뿐 아니라 주변 사람들의 미래까지 변화시킬 수 있도록 노력하겠습니다."

프로그램 개발 회사, 기술 고문 회사, 디자인 회사, 광고 회사, 디지털 마케팅 지원 회사 등 다양한 외부 파트너 기업으로 구성된 모티베이션 클라우드 팀은 이와 같은 상호 이해와 심리적 안전감을 바탕으로 벽을 허물고 활발하게 소통하는 팀으로 변화해갔다. 제대로 된 의사소통이 팀의 역량을 진화시킨다는 사실을 절실히 깨달은 것이다.

적절한 의사결정은
결정의 가치를 높였다

우리 팀은 모티베이션 클라우드 사업을
도입하면서 활동의 축을 변화시켜나갔다. 그 과정에서 상황에
따라 다른 의사결정 방법을 사용했다. 기존 사업인 조직 인사 컨
설팅 사업을 재정비할 때는 주로 결정권자 한 사람이 선택하는
독재 방식을 사용했다. 기존 사업을 재정비하려면 '시장에 적응
하지 못한 서비스 상품을 폐기하기', '채산이 좋지 못한 프로젝트
에서 철수하기' 등 여러 가지 힘든 결정을 내려야 한다.

행동경제학에서는 인간이 변화하기보다 현 상황을 유지하고
싶어 하는 이유로 '현상 유지 편향(status quo bias)'이라는 심리 작

용을 꼽는다. 변화함으로써 이익을 얻을 가능성이 있는데도 변화 자체를 두려워하며 행동하지 못하는 것이다. 이런 상황에서 구성원들이 특정 사안을 유지할지 여부를 합의를 통해 결정한다고 가정해보자. "애써 이 상품에 관해 공부했는데……", "지금까지 이 프로젝트에 들인 시간이 다 물거품이 되어버리고 말겠네?"라는 식의 불만이 터져 나올 수 있다. 이해관계자들이 반대 목소리를 높이면 적절한 의사결정을 하기 어렵다.

사실 그간 내가 몸담았던 팀은 눈앞의 매출에만 급급해 제공하는 컨설팅을 마구잡이로 늘려왔고, 그 결과 시장에서 포지션이 애매해진 상태였다. 이 상황을 타개하기 위해 나는 고객이 원하는 상품, 차별화를 통해 경쟁에서 우위에 설 수 있는 상품, 자사의 노하우를 활용할 수 있는 상품을 제외한 모든 상품을 팀장인 나만의 판단으로 모두 폐기했다. 예를 들어 20개 이상의 연수 프로그램을 정말로 비교 우위가 있는 프로그램 2개만 남기고 죄다 없앴고, 대신 모든 역량은 그 2개에 집중적으로 쏟아부었다.

그러자 우리 회사의 컨설팅 서비스는 시장에서 유리한 고지를 차지하게 되었다. 급락한 매출을 어떻게든 회복하기 위해 채산성이 좋지 않은 사업에서 신속히 철수한 덕분에, 이익은 없이 팀원을 피폐하게 만드는 상황을 해소할 수 있었다. 결과적으로 기존 사업을 재정비하는 데 성공한 이유는 두 가지 요소를 모두 갖추었기 때문이다. 하나는 빠른 의사결정을 위해 리더가 독자적으로 결정했다는 것이며, 다른 하나는 팀원들이 대부분의 선택지에 51%의 장점과 49%의 단점이 있다는 사실을 인식하고 팀장의 결단을 '올바른 결단'으로 만들어주기 위해 우직하게 실행해준 것이다.

그런데 팀장인 나 혼자 의사결정을 하다 보니 문제가 불거졌다. 팀원들의 주체성을 떨어뜨린다는 단점이 있었던 것이다. "어차피 팀장이 결정한 사항이니까 어쩔 수 없이 따라야지"라는 분위기가 퍼지면서 팀원들의 주인 의식이 저하되었다. 이를 막기 위해 중간중간에 다수결 방식을 도입했다. 예를 들어, 매월 팀원들의 투표로 팀의 최우수 직원을 뽑았다. 모티베이션 클라우드의 로고를 결정할 때와 광고 내용을 결정할 때도 두 가지 최종안을 놓고 팀원들이 다수결로 결정했다.

어느 하나의 선택지를 고르는 행위 자체보다는, 팀원들이 의사결정 과정에 참여함으로써 주인 의식을 높인다는 것이 더욱 큰의미를 지닌다. 즉 독재를 기본적인 의사결정 방식으로 활용하면서도 이따금 다수결을 도입함으로써 '모두 함께 팀을 만들어간다', '모두 함께 팀 활동을 성공으로 이끈다'라는 문화를 조성할수 있었다.

반면 신규 사업인 모티베이션 클라우드를 출시한 후로는 합의에 의한 의사결정 비율이 늘어나기 시작했다. IT 비즈니스는팀장인 나에게 미지의 영역이기 때문에, 컨설턴트 출신인 내 의견뿐 아니라 엔지니어와 디자이너의 의견까지 두루 살피며 의사결정을 할 필요가 있었다.

가령, 어느 기능부터 순서대로 개발하느냐는 모티베이션 클라우드의 운명을 가르는 매우 중요한 선택이었다. 어느 기능을 어떤 순서로 개발할지 전체적으로 논의하기 전, 개발을 맡은 팀원들끼리 모여서 서로 다른 관점으로 좁힌 세 가지 선택지를 만들었다. 바로 '지속적인 이용률 향상과 신규 고객 개척'이라는 비즈니스 관점의 선택지, '시스템의 확장성과 안정성'이라는 기술적 관점의 선택지, '이용자의 편의 향상과 고객 체험 개선'이라는 디자인 관점의 선택지였다. 그렇게 해서 선택 기준에 대한 우선순위를 정한 후, 팀 전체가 합의를 통해 결정을 내렸다. 비즈니스 관점에 치우친 팀장만의 의사결정이 아니라, 다양한 관점이 투영되어 팀 전체를 위한 최적의 의사결정을 할 수 있었던 것이다.

이처럼 상황과 사안에 따라 독재와 합의, 다수결이 적절하게 섞인 의사결정의 법칙은 우리 팀이 가장 적합한 선택지를 골라 최고의 성과를 낼 수 있게 도와주었다.

높은 공감도는
팀원들의
사기를 북돋았다

　　　　　　　 우리 팀은 조직에 대한 구성원의 동기와
공감을 높이는 컨설팅 업무를 맡고 있었지만, 정작 우리 팀원들
에게 이를 심어주는 데는 실패했다. 조직 인사 컨설팅 사업을 재
정비하려 했던 당시에는, 돌이켜보면 팀 운영에 가장 중요하다
고 해도 과언이 아닌 동기부여를 나부터 소홀히 했다. 사실 우리
회사에 입사한 직원 중에는 회사의 철학에 매력을 느껴 입사했
다고 말하는 사람들이 많았다. '모티베이션 엔지니어링으로 조
직에 변혁의 기회를 제공한다'는 미션에 공감하면서, '조직에서
일하는 데 어려움을 느끼는 사람에게 힘이 되어주고 싶다', '협

동의 즐거움을 더 많은 사람에게 전하고 싶다'는 마음을 품고 이 회사에 들어온 것이었다. 과거에 나 역시 우리 회사에 입사하기를 희망하는 사람들에게 회사의 미션이나 비전을 자랑스럽게 이야기하곤 했다.

그러나 정작 팀에서 오가는 대화는 "어떻게 하면 분기 실적을 더 높일 수 있을까?", "어떻게 하면 이 프로젝트를 마감일 전에 끝낼 수 있을까?"라는 식의 근시안적인 이야기뿐이었다. 자신만의 뜻을 품고 입사한 이들이 오로지 눈앞의 실적만 추구하고, 안건을 진행하는 데만 급급해진 것이다. 결과적으로 많은 사람들이 이에 실망하고 회사를 떠났다.

물론 눈앞의 업무를 성공적으로 완료하는 것은 매우 중요한 일이다. 하지만 그보다는 이익을 넘어 사회에 어떻게 공헌하고, 어떤 미래를 그리고 싶은지 서로 공유하는 팀이 되어야 한다. 이 사실을 깨달은 것은 모티베이션 클라우드를 활용해 우리 팀의 공감도를 수치로 측정했을 때였다. 결과를 살펴보니 철학에 해당하는 이념 전략의 점수가 낮았다. 우리 팀의 턱없이 낮은 공감도를 숫자로 체감하고 나서야 비로소 입사 후 팀원들에게 미션이나 비전을 이야기할 기회가 거의 없었다는 사실을 처음으로 깨달았다.

그때부터 우리 팀의 공감도를 높이는 방안, 특히 이념이나 방침의 매력을 높이는 방안을 시도했다. 일단 분기마다 한 번씩 이

틀 정도 끝장 토론을 실시했다. '미션과 비전을 실현하기 위해서는 실적을 어느 정도 올려야 하는가?', '그 실적을 올리기 위해 어떤 전략을 짜야 하는가?' 식으로 다소 추상적인 미션과 비전이 구체적인 실적과 전략으로 이어지도록 논의를 거듭했다.

다음으로 분기마다 한 번씩 반나절에 걸쳐 '엔지니어링 세션'을 개최했다. 우리가 미션으로 내세우는 '모티베이션 엔지니어링'이라는 말은 기술을 소중히 여기며 경영한다는 뜻을 담고 있다. "한 가지 과제를 성공했다 하더라도 그 효과는 3~5년 안에 서서히 사라진다. 하지만 안건을 성공으로 이끌고 조직을 변혁할 수 있는 기술을 만들어 세상에 남긴다면 그 기술은 우리가 죽더라도 끊임없이 조직을 바꾸어나갈 것이다. 에디슨이 죽은 후에도 그가 발명한 전구는 우리를 끊임없이 비추듯."

이 같은 마음을 담아 우리 사업에 모티베이션 컨설팅이 아니라 '모티베이션 엔지니어링'이라는 이름을 붙였다. 이 기술을 다듬어나가는 시간은 팀원이 자신도 미션과 비전에 공헌할 수 있다는 것을 실감하고, 회사 이념과 철학의 매력을 가장 두드러지게 느끼는 순간이다. 따라서 엔지니어링 세션에서는 분기 동안 이루어진 업무 중 조직 변혁과 동기부여에 대해 팀원이 새롭게 고안해낸 노하우를 하나의 기술로 공유하고 발표했다. 예를 들어, 채용 전략이나 조직 개발에 관한 새로운 프레임워크, 동기부여를 강화할 수 있는 새로운 보고서 형식, 신입 사원 연수 프로그램의 개선안 등을 각자의 관점에서 소개했다. 좋은 제안은 실제로 평소에 사용하는 문서나 프로그램에 적용했다.

적절한 경험과 능력을 갖춘 사람은 회사를 그만두어도 사업을 통해 큰돈을 벌 수 있을 것이다. 하지만 모두 하나가 되어 기술을 진화시키는 경험은 조직이 아니면 맛볼 수 없는 묘미다. 이렇게 탄생한 기술은 우리의 컨설팅 사업을 더욱 효과적으로 만든 것은 물론, 무엇보다 팀원들로 하여금 각자 미션과 비전에 공헌할 수 있다는 것을 실감하게 해주었다.

끝장 토론이나 엔지니어링 세션을 통해 팀원들은 일상적인 업무가 미션이나 비전과 연결되어 있다는 것을 깨달았다. 이로써 회사의 철학이 매력적이고 공감도가 높은 끈끈한 팀으로 거듭날 수 있었다. 우리 팀의 공감도는 매우 높은 수준에 도달했고 퇴직률이 10분의 1로 줄어들었다.

끝장 토론이나 엔지니어링 세션은 팀원들이 다른 활동을 중단하고 실시하기 때문에 단기적 차원에서는 실적에 마이너스가 된다. 그러나 이 시간에 대한 투자는 팀 활동에 공헌하려는 의지를 향상시키며 결국에는 실적으로 돌아온다. F1 자동차 경주는 0.1초를 다투는 치열한 시간 싸움이지만, 모든 자동차가 반드시 피트 스톱(pit stop, 자동차 경주 중 연료를 보충하거나 타이어를 교환하기 위해 정차하는 것)을 지킨다. 피트 스톱으로 손해 보는 시간보다 마모된 타이어로 달리면서 손해 보는 시간이 더 길기 때문이다. 팀원이 낮은 공감도를 유지한 상태로 달리는 팀은, 마모된 타이어로 달리는 자동차와 같다. 이렇듯 공감의 법칙 덕분에 팀의 공동 목표를 달성하고자 하는 의욕을 높이고 힘차게 달릴 수 있는 팀이 탄생했다.

마지막으로 정리하면, 팀의 법칙은 우리 팀에 여러 긍정적인 결과를 가져다주었다.

· 기존 사업의 매출이 10배로 올랐다.
· 신규 사업을 통해 주가가 10배로 올랐다.
· 30%에 이르던 퇴직률이 2%대까지 떨어졌다.

나와 우리 팀이 얻은 것들은 정량적 성과에 그치지 않았다. 정성적인 면에서도 얻은 게 많았다.

· 목표를 완수하는 달성에 대한 만족감.
· 고객에게 기쁨을 선사하는 공헌에 대한 체험.

무엇보다도 인생에서 큰 힘이 된 것은, 그 덕분에 생겨난 풍요로운 인간관계였다.

· 한 사람의 약점을 다른 사람의 강점으로 보완한다.

· 벽에 부딪히면 함께 지혜를 짜낸다.

· 힘들 때 서로 어깨를 빌려준다.

· 성공하면 함께 어깨를 두드리며 즐거워한다.

· 목표를 달성하면 함께 기뻐하며 눈물을 흘린다.

이 과정을 겪으며 문득 둘러보니 서로가 서로에게 결코 대체할 수 없는, 둘도 없는 존재가 되어 있었다. 최고의 팀은 한 사람 한 사람을 행복하게 해주는 힘이 있다. 팀의 법칙은 나에게 그 사실을 가르쳐주었다.

마지막으로 또 하나 깨달은 것이 있다. 그동안 나는 '위대한 팀'에 대해 완전히 오해하고 있었다는 것이다. '위대한 팀에는 위대한 리더가 있다'가 아니라 '위대한 팀에는 법칙이 있다'가 맞는 말이었다. 팀의 법칙을 통해 마침내 만난 최고의 팀은, 평범한 직장인이던 나 혼자서는 도저히 실현할 수 없었을 기적 같은 성과를 가져다주었다.

압도적인 팀으로
거듭나라

그간 조직 변혁 컨설턴트로서 다양한 기업을 변혁하기 위해 노력해왔다. 그러면서 품게 된 의문이 하나 있다. 그것은 "조직을 바꾸는 사람은 누구인가?"라는 물음이다.

요즘에는 많은 경영자들이 조직 변혁에 커다란 관심을 기울이고 있다. 그래서 여러 기업에서 일하기 편한 조직, 일하기 좋은 분위기를 만들기 위해 애쓴다. 이러한 것들이 조직과 회사 발전에 크게 공헌할 것임은 의심할 여지가 없다.

하지만 한 가지 우려되는 점이 있다. 자칫 잘못하다가는 조직 변혁이 실패로 끝날 수도 있다는 것이다. 조직 변혁에 가장 큰 영향을 끼치는 사람은 두말할 것 없이 경영자다. 당연히 인사 담당자의 역할도 매우 중요하다. 그런데 경영자나 인사 담당자가 아무리 성의를 다해 노력한다고 해도 그것만으로 과연 조직 변혁을 실현할 수 있을까? 그 답은 'No'다.

진정한 조직 변혁을 실현하기 위해서는 경영자나 인사 담당자뿐 아니라 실무를 담당하는 직원들도 주체적이고 자립적으로 조직을 바꿔나가야 한다. 현장에서 일하는 직원들 개개인이 자신의 팀을 변화시켜야 하는 것이다.

그러나 현장에는 스스로 팀을 만들어간다는 의식이 전혀 없는 사람도 많다. 회사는 경영자만의 것이며 자신과 무관하다 생각하고, 조직에 대한 불만을 늘어놓거나 SNS에서 직장을 홍보하는 사람도 많다. 좋은 조직은 일하는 한 사람 한 사람의 손으로 만들어가는 것이다. 이 책이 경영자, 인사 담당자, 관리자, 팀장만이 아닌 조직에서 일하는 모든 직장인을 독자로 삼는 이유도 그런 현실을 바꾸고 싶었기 때문이다. 술집에서 조직에 대한 불만을 늘어놓거나 SNS에서 직장에 대해 홍보 여유가 있다면, 차라리 그 시간에 자신이 좋은 조직을 만들기 위해 무엇을 해야 할지 고민해보는 것이 어떨까?

인간이 느끼는 즐거움은 다양하다. 맛있는 음식을 먹는 행복, 재미있는 영화를 보는 행복, 즐거운 여행을 떠나는 행복. 이 모두가 소중한 인간의 행복이다. 하지만 나는 조직을 통해 꿈을 이루고 다른 이들과 이어지는 것만큼 인간을 행복하게 만드는 일은 없다고 생각한다.

한편 인간을 불행하게 만드는 것 역시 조직이다. 조직이 잘 운영되지 않아서 성과가 나오지 않는 경우가 많다. 조직 내 인간관계 때문에 마음의 병을 앓는 사람도 많다. 나는 세상의 모든 조직에 힘이 될 만한 산업을 만들고 싶다.

의학은 사람들의 건강을 유지하는 산업을 만들어냈다. 사람은 대부분 정기적으로 건강검진을 받는다. 검진에서 좋지 않은 결과가 나오면 전문 병원에서 정밀검사를 받는다. 의료 시스템이 어느 정도 자리 잡은 나라라면, 당신은 병원에 갈 수 있고, 자격증을 보유한 의사에게 진단과 처치를 받을 수 있다. 때로는 수술을 받고 병을 치료할 수도 있다. 인재와 뛰어난 기술, 상품이 어우러져 병을 치료하고 건강을 유지하는 커다란 사회 시스템을 형성하고 있다. 물론 완벽하지는 않지만, 그 정도면 완벽에 가깝다.

조직은 어떤가? 의료 시스템에 비하면 조직의 상황은 혹독하다. 어려움에 처하면 대개 자신의 느낌과 경험만으로 헤쳐나갈 수밖에 없다. 나는 이처럼 조직이 처한 어려움을 해소하는 산업과 시스템을 만들고자 업무에 몰두하고 있다. 링크 앤드 모티베이션에서는 일본 최대의 기업 평판 사이트 '보커스(Vokers)'에 출자했다. 보커스에는 10만 개가 넘는 기업의 조직 상태가 직원들의 입소문을 통해 적나라하게 드러나 있다. 건강검진이 모든 사람의 건강 상태를 보여주듯, 보커스는 모든 기업의 조직 상태를 눈으로 확인할 수 있게 보여준다.

링크 앤드 모티베이션은 의료 산업의 정밀검사에 해당하는 사업으로, 기업 각 조직에 모티베이션 클라우드 서비스를 제공하고 있다. X선 검사가 세밀한 부위의 질병 유무를 보여주듯이, 모티베이션 클라우드는 직원을 상대로 설문을 실시해 조직 상태를 가시화하며 문제점을 진단하고 개선해준다. 일본 최대 데이터베이스를 바탕으로 조직이 처한 상황을 수치화할 수도 있다. 마치 MRI처럼 팀을 부서별, 계층별, 속성별로 정밀하게 분석할 수도 있다.

링크 앤드 모티베이션은 현재 투약과 수술에 해당하는 조직 컨설팅 사업을 전개하고 있다. 한곳에서 모든 의료 서비스를 편리하게 받을 수 있는 종합병원처럼, 팀에 대한 올바른 이념을 확산하고 인재를 채용·육성하며 인사 제도를 정비하는 등의 모든 컨설팅 서비스를 원스톱으로 제공하는 체제를 정비했다. 의료 산업이 인류의 질병을 없애는 싸움을 하고 있다면, 나와 동료들은 조직 관리의 고통을 없애기 위해 싸우는 셈이다. 하지만 의료 산업에 비하면 우리가 바꾸려고 하는 조직 산업은 미성숙하다.

우리는 아직 극히 일부의 조직에만 앞에서 언급한 서비스를 제공하고 있다. 가까운 미래에 최고의 역량을 발휘하는 조직 구성에 크게 기여하고 싶다. 그러기 위해 조직을 형성하는 개개인의 힘을 최대한으로 이끌어내고자 한다. 그 도전은 이제 막 시작되었다.

이 책을 쓰는 데 원동력이 되어준 것은 다름 아닌 '팀의 힘'이다. 우선 겐토샤의 미노와 고스케 씨. 미노와 씨는 이 세상의 어디쯤 서 있고 어느 방향을 향하고 있는지, 그리고 무엇을 외쳐야 세상이 움직일지 질문을 던져 내가 깨닫게 해주었다. 겐토샤의 야마구치 나오코 씨는 제멋대로인 내 행동에도, 미노와 씨의 종잡을 수 없는 행동에도 항상 유연하게 대응해주었다.

나의 두서없는 이야기를 가장 먼저 문장으로 만들어준 작가 하세가와 료 씨 덕분에 방향을 잃지 않고 마지막까지 써 내려갈 수 있었다. 또 링크 앤드 모티베이션의 오키타 게이스케 씨는 자칫 추상적으로 여겨질 수 있는 책의 내용을 표와 그림으로 표현하는 것을 도와주었다.

사내 세미나인 '모티베이션 엔지니어링 세미나'의 이노우에 지사토 씨, 고바야시 모모 씨, 스기에 미사키 씨, 센가 스미카 씨, 센주 렌조 씨, 다니하라 다쿠야 씨, 나가시마 마유미 씨, 후지타 마사타카 씨, 마루야마 다쿠토 씨, 요시카와 료코 씨도 빼놓을 수 없다. 막대한 양의 문헌과 사례를 정리하는 것은 나 혼자서는 결코 할 수 없었던 일이다.

더불어 뉴스픽스(NewsPicks) 아카데미아 아사노 세미나에 참석한 모든 분들에게도 감사드린다. 이분들이 의견을 내거나 직접 실천하면서 불완전했던 '팀의 법칙'에 혼을 불어넣을 수 있었다. 또 클라이언트 기업의 모든 분들에게도 감사드린다. 원래는 우리가 이들을 지원하는 입장이지만, 오히려 이분들에게서 조직을 바꿀 수 있다는 용기를 얻고 있다.

한편 링크 앤드 모티베이션의 대표 오자사 씨는 팀의 법칙의 토대를 만든 분이다. 팀의 법칙은 모두 그가 탄생시킨 모티베이션 엔지니어링을 뿌리로 삼고 있다. 내 지식과 기술은 전부 그에게 배웠다고 해도 과언이 아니다. 또 링크 앤드 모티베이션에는 훌륭한 조직과 존경스러운 팀이 무엇인지 늘 가르쳐주는 분들이 있다. 이분들과 함께 만드는 팀이 내 인생을 항상 풍요롭게 한다.

마지막으로 이 책을 읽어준 독자 여러분도 팀의 소중한 일원이다. 이 책은 전국에 존재하는 팀의 역량을 높이고 싶다는 대담한 희망에서 비롯되었다. 그런 희망을 실제로 구현하는 사람은 다름 아닌 독자 여러분이다. 부디 여러분의 조직에 팀의 법칙을 잘 전달해주기 바란다. 그리고 이를 바탕으로 압도적인 결속력과 성과를 낳는 팀으로 거듭나기를 바란다. 여러분이 원하는 모습으로 팀을 구축하는 데 성공하기를 진심으로 기원한다.

이 책에서 소개한 팀의 법칙은 모두 학술적인 견지를 바탕으로 한다. 여기에서는 그 바탕이 되는 이론을 간단히 소개하겠다.

aim _ 목표 설정의 법칙

체스터 바너드, 「조직의 성립 요건」

체스터 바너드(Chester Barnard)는 우리가 아는 조직론의 기초를 닦았다고 해도 과언이 아닌, 20세기 초를 대표하는 경영학자다. 프레더릭 테일러(Frederick Taylor)가 제창한 '과학적 관리법'에서는 인간을 조직 안에서 고립된 존재로 파악했지만, 바너드는 조직을 인간이 서로 영향을 주고받으면서 성립하는 시스템으로 파악했다.

바너드는 그의 저서 『경영자의 역할(The Functions of the Executive)』에서 조직 성립의 3요소를 규정했다. 그것은 공통 목적(common purpose), 의사소통(communication), 공헌 의욕(willings to serve)이다. 조직은 개인이 혼자서 실현할 수 없는 것(공통 목적)을 2명 이상이 서로 의견을 주고받으면서(의사소통), 그 실현에 공헌하려고 하는 의욕을 지니고(공헌 의욕), 달성을 지향할 때 성립한다고 정의했다. 바너드가 파악한 공통 목적은 이 책의 1장에서, 의사소통은 2장에서, 그리고 공헌 의욕은 5장에서 고찰했다.

스티븐 로빈스, 「팀과 그룹의 차이」

스티븐 로빈스(Stephen Robbins)는 조직행동학의 세계적인 명저 『조직행동론(Organizational Behavior)』에서 팀과 그룹의 차이를 다음과 같은 네 가지 관점으로 설명했다. 첫째, 목표(goal)의 차이를 들 수 있다. 그룹의 목표는 단순히 정보 공유에 그치지만, 팀의 목표는 집단적 업적을 지향한다. 둘째, 상호 영향(synergy)의 차이다. 그룹은 상호 영향에 소극적이지만 팀은 적극적이다. 셋째, 설명 책임(accountability)의 차이다. 그룹은 개인에게 설명 책임이 있지만, 팀은 공동으로 설명 책임을 진다. 마지막으로 구성원의 능력(skills) 차이가 있다. 그룹에는 능력이 가지각색인 구성원이 모여 있지만, 팀에는 보완적인 능력을 지닌 구성원이 모여 있다. 이 중 네 번째 요소인 구성원의 능력 차이에 대해서는 2장에서 다루었다.

새뮤얼 하야카와, 「추상의 사다리」

미국의 언어학자 새뮤얼 하야카와(Samuel Hayakawa)는 『사고와 행동의 언어(Language in Thought and Action)』에서 '추상의 사다리'라는 개념을 제창했다. 예를 들어, 벽돌공 3명에게 "당신은 어떤 일을 하고 있습니까?"라고 물으면 세 가지 부류의 대답이 돌아온다. 첫째, "벽돌을 쌓고 있습니다"라는 대답이다. 이는 자신의 업무를 '작업' 수준으로 파악한 대답이다. 둘째, "교회를 짓고 있습니다"라는 대답이다. 이는 자신의 업무를 '목적' 수준으로 파악한 것이다. 셋째, "모두 행복하게 지낼 수 있는 곳을 만들고 있습니다"라는 대답이다. 이는 자신의 업무를 '의의' 수준으로 파악하는 것이다.

의의 수준으로만 업무를 파악한다면 구체적인 작업을 진행하지 못할 가능성이 높다. 반면 작업 수준으로만 업무를 파악한다면 새로운 방안을 창안하지 못할 가능성이 있다. 이는 사물을 다양한 추상 수준으로 파악함으로써 성과를 높일 수 있다는 사고

기술이다. 1장에 등장하는 행동 목표, 성과 목표, 의미 목표는 이 추상의 사다리 개념을 토대로 한다.

boarding _ 구성의 법칙

번스 · 스토커, 「상황적합 이론」

2장에서는 '팀에는 절대적인 정답이 아니라 적합한 답이 있다'라는 사고를 전제로 팀을 네 가지 유형으로 나누고, 유형마다 구성원을 어떻게 선정할지 소개했다. 이런 사고방식은 경영학의 상황적합 이론(contingency theory)에 기반한다. 원래 'contingency'는 '장래에 일어날 수 있는 우연한 사건'이라는 뜻인데, 이것을 '상황적합'이라는 뜻으로 사용했다. 어떤 상황에서든 효과적이고 유일하며 절대적인 조직 형성 방법이 있는 것이 아니라, 상황에 맞게 조직을 만들어야 한다는 이론이다.

초기의 상황적합 이론은 1960년대에 번스(Burns)와 스토커(Stalker)가 제창한 '환경의 불확실성이 조직의 구조를 규정한다'라는 이론이었다. 그들은 영국 전자 기업 열다섯 군데의 사례 연구를 통해, 조직 구조에는 안정적인 환경에 적합한 '기계적 시스템(관료제)'과 예견하기 힘든 행동이 요청되는 환경에 적합한 '유기적 시스템(비관료제)'이 있음을 발견했다.

1980년대에는 일본의 경영학자 가고노 다다오(加護野忠男)가 상황적합 이론의 세 가지 변수 및 '적합과 조화'라는 핵심 콘셉트로 이를 도식화했다. 세 가지 변수는 ①상황 변수(환경·기술· 규모 등), ②조직 특성 변수(조직 구조·관리 시스템 등), ③성과 변수(조직의 유효성·기능 등)다. 그는 이 세 가지 변수를 '적합'하게 만드는 것이 조직에 필요하다고 말했다.

변화 속도가 빠른 현대 비즈니스 환경에서는 회사가 처한 상황에 맞게 조직을 구축해나갈 필요가 있으므로 모든 경영자, 인사 담당자, 관리직이 상황적합 이론을 의식적으로 익혀야 할 것이다. 가장 먼저 2장과 3장에서 소개한 팀의 네 가지 유형을 자신의 팀에 적용해보는 것부터 시작하자.

communication _ 소통의 법칙

에린 메이어, 「컬처 맵」

3장에서는 소통 비용을 줄이는 규칙을 소개했다. 팀 활동의 전제를 규칙으로 명문화하지 않으면 팀 내에 다양한 갈등이 생긴다. 그 이유는 우리가 나고 자란 환경에 따라 서로 다른 '암묵의 전제'를 지니고 있기 때문이다. 같은 나라에서 자란 구성원이라도 서로 다른 암묵의 전제를 지니고 있는데, 심지어 인종과 국적이 다르다면 그 차이는 당연히 더욱 두드러질 것이다.

유럽 최고 비즈니스 스쿨 인시아드(INSEAD)의 객원교수이자 이(異)문화 관리 중심 조직행동학을 전문으로 하는 에린 메이어 (Erin Meyer)는 주로 나라별로 문화가 다르다는 사실 때문에 서로 대립하는 여덟 가지 전제를 제창했다.

① 소통 : 저맥락 vs 고맥락
② 평가(부정적 피드백) : 직접적 vs 간접적
③ 설득 : 원리 우선 vs 응용 우선
④ 주도성 : 평등주의 vs 계층주의
⑤ 결단 : 합의 지향 vs 톱다운
⑥ 신뢰 : 업무 기반 vs 관계 기반
⑦ 견해의 차이 : 대립형 vs 대립 회피형
⑧ 스케줄링 : 직선형 vs 유연형

먼저 '소통'에 대해서는 미국과 네덜란드가 '저맥락형', 일본과 중국이 '고맥락형'이라는 전제를 지니고 있다. 저맥락형은 좋은 소통이란 엄밀하고 간략하고 명확하며, 메시지는 액면 그대로 전달하고 받아들여야 한다는 것을 전제로 한다. 고맥락형은 좋은 소통이란 섬세하고 함축성 있고 다층적인 것으로 메시지는 행간을 읽어야 하며, 넌지시 말하는 편이 좋다는 전제가 있다. 2장에서 다룬 '규칙 설정의 세밀도' 면에서 살펴보면, 소통에서 저맥락형을 전제하는 사람은 규칙을 많이 설정해야 한다고 생각하고, 고맥락형을 전제하는 사람은 규칙을 적게 설정해야 한다고 생각한다. 그러므로 각각의 유형에 따라 규칙 설정의 세밀도를 조절할 필요가 있다.

'주도성'에 대해서는 덴마크와 네덜란드가 '평등주의', 일본과 한국이 '계층주의'라는 전제를 지니고 있다. 평등주의는 상사와 부하의 거리가 가까우며, 바람직한 상사는 사람들을 평등하게 조정하는 역할을 한다고 본다. 또 이에 따르면 조직은 수평적이고 이따금 서열을 뛰어넘어 소통이 이루어진다는 것을 전제로 한다. 반면 계층주의는 지위는 중요한 요소로 상사와 부하의 거리는 멀고, 바람직한 상사는 앞장서서 깃발을 힘껏 흔들며 부하들을 독려하는 역할을 한다고 본다. 또 조직은 다층적이고 고정적이며 소통은 서열에 따라 이루어진다는 전제를 지닌다.

'권한 규정'의 규칙 면에서 살펴보면, 평등주의를 전제하는 사람은 구성원이 판단을 내려야 한다고 생각하고, 계층주의를 전제로 한 사람은 리더가 판단을 내려야 한다고 생각한다. 따라서 평등주의와 계층주의 중 어느 쪽이냐에 따라 권한 규정의 규칙을 조절할 필요가 있다.

에린 메이어의 이론에는 등장하지 않지만 '역할 분담'에 대해서는 미국과 영국이 '테트리스형', 일본과 태국이 '아메바형'이라는 특징을 지니고 있다. 테트리스형은 직무·역할·책임 범위가 명확하고 서로 침범해서는 안 된다고 전제한다. 반면 아메바형은 직무·역할·책임 범위가 애매하고 전체적으로 최적의 발상을 추구하며, 자신의 책임이 아닌 일에도 적극적으로 관여한다는 전제를 지닌다.

'책임 범위'의 규칙 면에서 살펴보면, 테트리스형 전제를 지닌 사람은 각자 개인의 성과를 책임져야 한다고 생각하고, 아메바형 전제를 지닌 사람은 모두 함께 팀 성과를 책임져야 한다고 생각한다. 테트리스형이냐 아메바형이냐에 따라 책임 범위의 규칙을 조절할 필요가 있다.

'신뢰'는 어떨까? 미국과 스위스가 '업무 기반', 중국과 브라질이 '관계 기반'으로 분류된다. 업무 기반은 비즈니스와 관련된 활동으로 신뢰가 구축된다고 보는 입장이다. 이에 따르면 업무 관계는 상황에 따라 쉽게 맺거나 끊을 수 있다. 반면 관계 기반은 함께 식사하거나 술을 마시면서 신뢰가 구축되며, 업무 관계는 여유롭게 긴 시간에 걸쳐 이루어진다고 본다. 즉 개인적인 시간도 공유한다는 생각을 전제로 한다.

다음으로 '평가 대상'의 규칙 면에서 살펴보면, 업무 기반 사고방식을 지닌 사람은 업무 성과를 평가해야 한다고 생각하고, 관계 기반 사고방식을 지닌 사람은 업무 과정까지 평가해야 한다고 생각한다. 즉 업무 기반이냐 관계 기반이냐에 따라 평가 대상의 규칙을 조절할 필요가 있다.

'스케줄링'에 대해서는 독일과 일본이 '직선형', 중국과 인도가 '유연형'이라는 전제를 지닌다. 직선형은 프로젝트를 직선적인 것으로 파악하고, 하나의 작업을 끝낸 후 다음 작업으로 넘어가는 것을 선호한다. 한 번에 하나씩만 하고 중간에 다른 일을 끼워 넣지 않으며, 마감을 지키는 것이 중요하고 스케줄대로 진행하는 식이다. 반면 유연형은 프로젝트를 유동적인 것으로 파악하고 임기응변으로 작업을 진행한다. 다양한 일을 동시에 진행하고 다른 일이 끼어들어도 잘 받아들인다. 중요한 것은 순응성이라고 전제한다.

또 직선형 사고방식을 지닌 사람은 진척 상황을 도중에 자주 확인해야 한다고 생각한다. 하지만 유연형 사고방식을 지닌 사람은 최종적인 결과를 확인하면 된다고 생각한다. 그러므로 직선형이냐 유연형이냐에 따라 확인 횟수의 규칙을 조절할 필요가 있다.

이 이론은 주로 나라별 문화의 차이를 이야기하지만, 같은 나라에서 같은 문화를 공유한 팀 구성원끼리도 각자의 성장 배경에 따라 서로 다른 전제를 지니고 있다는 점을 기억해야 한다. 그러므로 더더욱 규칙 설정의 다섯 가지 핵심 사항(4W1H)을 제대로 정해두지 않으면 전제가 다른 구성원끼리 원활하게 협력할 수 없다. 또 규칙만으로는 전제가 다른 모든 것에 대응할 수 없기 때문에 같은 팀 구성원의 전제를 이해한 후 소통에 임해야 한다.

에이미 에드먼드슨, 「심리적 안전감」

하버드 비즈니스 스쿨 교수이자 리더십과 경영론을 담당하는 에이미 에드먼드슨(Amy Edmondson)은 조직의 '심리적 안전감'에 관련된 다양한 이론을 제창했다. 심리적 안전감이 부족할 때 느끼는 불안으로 '무지하다고 여겨질지도 모른다는 불안', '무능하다고 여겨질지도 모른다는 불안', '방해물이라고 여겨질지도 모른다는 불안', '비판적이라고 여겨질지도 모른다는 불안' 등 네 가지를 설명하는 이론도 그중 하나다.

한편 단순히 심리적 안전감만 있을 뿐 목표 설정이나 책임 범위가 불명확하다면, 느슨한 팀이 되어버려 팀의 목적이나 목표를 실현할 수 없다고 에드먼드슨은 말한다. 목표를 달성하기 위해서는 팀 구성원들이 자신의 생각을 거리낌 없이 말할 수 있는 환경을 조성하는 것이 바람직하다.

decision _ 의사결정의 법칙

어빙 재니스, 「집단사고」

사회심리학자 어빙 재니스(Irving Janis)는 1972년 '집단사고(groupthink)'라는 개념을 제시했다. 집단사고란 '집단이 선택지를 현실적으로 평가하기보다 만장일치를 우선하려고 할 때 발생하는 성급하고 안이한 사고'라고 정의할 수 있다.

예를 들어, 혼자 찻길을 건널 때는 좌우를 확실히 살피고 신호를 확인한 후 건너곤 한다. 하지만 여러 사람과 함께 찻길을 건널 때는 상황을 확인하지도 않고 앞사람을 무작정 따라가는 바람에 교통사고가 발생할 위험이 높아진다. 이것이 집단사고의 무서운 점이다. 재니스는 태평양전쟁의 계기가 된 진주만 공습 때도 미군에서 집단사고가 나타났다고 분석했다. 당시 하와이에 주둔한 미군 사령관은 진주만 공습 직전에 일본군이 하와이를 공격할 가능성이 크다고 본국에 보고했다. 하지만 본국에 있는 참모들은 그런 일이 일어날 리 없다는 결론을 내린 후 보고를 묵살했다. 그리고 경계를 소홀히 하고 말았다.

재니스는 집단사고가 일어나기 쉬운 세 가지 특징을 다음과 같이 정리했다. 첫 번째 특징은 '과대평가'다. '우리는 결코 패배하거나 실패할 리 없다'는 과도한 낙관주의나 '우리 생각은 반드시 옳다'는 극단적인 맹신이 나타나면서, 자신이 속한 집단을 과대평가하고 부적절한 의사결정을 해버리고 만다.

두 번째 특징은 '폐쇄성'이다. 집단이 외부에 대해 폐쇄적이면 '우리는 틀리지 않았다'는 자기변호와 '적은 약하고 허술하다'는 편견이 생겨나 올바른 의사결정을 할 수 없다.

세 번째 특징은 '균일화에 대한 압력'이다. '집단의 합의를 거역할 수 없다'는 자기 의견 억제, '많은 사람의 의견이 일치하면 모든 사람이 같은 생각을 할 것이다'는 만장일치의 환상, '반대 의견은 허용하지 않는다'는 반대자에 대한 억압, '우리가 결정한 일이므로 잘되었으면 좋겠다'는 의사결정의 정당화 등에 의해 잘못된 선택을 하고 만다.

잘못된 결정을 내리기 전에 나타나는 몇 가지 징후가 있는데, 다음과 같다.

① 대안을 충분히 검토하지 않는다.
② 목표를 충분히 조사하지 않는다.
③ 선택지의 위험성을 검토하지 않는다.
④ 한번 부정된 대안을 재검토하지 않는다.
⑤ 정보를 잘 찾지 않는다.
⑥ 정보를 편향적으로 취사선택한다.
⑦ 비상사태를 대비한 계획을 세우지 않는다.

그러므로 집단사고를 피하기 위해서는 4장에서 다룬 의사결정 방식을 활용해 적절한 의사결정을 할 필요가 있다.

로버트 치알디니, 「설득의 심리학」

로버트 치알디니(Robert Cialdini)의 저서 『설득의 심리학』은 사람이 어떤 과정으로 설득되고, 무엇 때문에 주변에서 원하는 행동을 하게 되는지를 심리학적으로 분석한 책이다. 사람들이 자기도 모르게 물건을 사는 현상을 사례로 들면서 남들에게 영향을 주기 위한 여러 방법을 알려준다.

특히 『설득의 심리학』에는 인간의 의사결정, 그중에서도 승낙에 영향을 주는 여섯 가지 요소를 다음과 같이 소개한다. 첫째, '상호성'. 인간은 상대방에게 무언가를 받으면 무의식적으로 답례를 한다.

둘째, '일관성'. 인간은 일관성 있는 사람으로 여겨지고 싶다는 본능을 지닌다.

셋째, '사회적 증거'. 인간은 사회에서 많은 사람들이 하는 말과 행동을 올바르다고 생각한다.

넷째, '권위'. 인간은 상대방에게 권위가 있다고 판단하면 그의 말을 따르려는 경향이 있다.

다섯째, '호감'. 인간은 친구, 가족, 애인 등 호감을 느끼는 상대방의 언동을 쉽게 믿는 경향이 있다.

여섯째, '희소성'. 인간은 희소한 것이 반드시 좋은 것이라고 착각하는 성질이 있다.

4장에서는 영업이나 마케팅에서 활용할 만한 설득의 심리학을 팀의 의사결정권자가 지닌 영향력의 원천으로 응용해 소개했다. 결정권자가 영향력을 적절히 발휘함으로써 결정 후의 실행 정도를 확실히 높일 수 있을 것이다.

engagement _ 공감의 법칙

레온 페스팅거, 「집단응집성」

공감의 법칙에서 소개하는 4P는 미국의 심리학자 레온 페스팅거(Leon Festinger)의 '집단응집성' 이론을 토대로 한다. 페스팅거는 '구성원을 집단 내에 머무르도록 하는 힘의 총체'를 집단응집성이라고 불렀다. 집단응집성이 높아지면 다음과 같은 일이 가능해진다.

① 구성원이 서로 매력을 느끼게 된다.
② 집단 내 규범에 따르게 된다.
③ 집단 내에서 역할 분담을 원활하게 할 수 있다.

집단응집성을 높이기 위해서는 네 가지 조건이 필요하다.

① 집단의 목표가 매력적일 것
② 구성원이 집단의 목표를 자신의 목표로 받아들일 것
③ 구성원 사이의 대인관계가 좋을 것
④ 집단이 외부에서 높은 평가를 받으면 구성원이 그것을 인식할 것

한편 집단응집성이 높아지면 동조 압력 등 집단의 부정적 측면이 강해지므로 주의가 필요하다.

빅터 브룸, 「기대이론」

5장에서 소개한 공감도를 측정하는 공식(보상·목표의 매력×달성 가능성×위기감)은 빅터 브룸(Victor Vroom)의 '기대이론'을 토대로 한다. 브룸은 조직에서 인간이 보이는 행동을 심리학적으로 분석하는 데 있어 일인자다. 인간에게 동기가 생기는 과정을 밝히고 관련된 연구를 체계적으로 정리한 바 있다. 그는 1964년에 저서 『일과 동기부여(Work and Motivation)』에서 기대이론을 발표했는데, 이는 다음과 같은 식으로 요약된다.

$$M = E \times V$$

여기서 M은 동기(motivation force), E는 기대(expectancy), V는 유의성(valence)이다. 브룸은 동기를 가리켜 '행동을 선택하는 힘'이라고 정의하고, 이는 기대와 유의성의 곱으로 정해진다고 생각했다. 여기서 기대란 '자신의 행동으로 얻을 수 있는 결과'를 말한다. 유의성이란 '얻을 수 있는 결과에 자신이 느끼는 매력'을 의미한다. 예를 들어, 같은 고등학교 배구부에 소속된 A와 B의 동기를 생각해보자. 두 사람은 주전이 되기 위해 훈련을 거듭했다. 주전 선수가 될 가능성을 놓고 A는 80%, B는 60%의 확률이라고 예상했다. 이 수치만 보면 A가 더 높은 동기를 갖고 훈련에 참가하며 힘든 연습도 묵묵히 해낼 것이라고 여겨진다.

하지만 A는 배구부에서 주전이 되는 것에 그다지 매력을 느끼지 못했다. 운동보다는 차라리 공부를 열심히 해서 명문대에 입학하는 것이 자신에게 더 유익하다고 생각했다. 한편 B는 배구부에서 주전 선수가 되어 특기생으로 대학에 진학하고 싶어 했다. 이에 따라 배구부 주전 선수가 되는 것에 대한 매력을 A의 경우 1, B의 경우 1.5라고 하자.

기대이론에 따르면 '열심히 훈련하면 주전이 될 수 있을 것으로 예상하는 확률'은 기대, '주전이 되는 것에서 느끼는 매력'은 유의성이다. 공식에 의하면 A의 동기는 기대 0.8×유의성 1=0.8, B의 동기는 기대 0.6×유의성 1.5=0.9로 산출할 수 있다. 따라서 B가 A보다 적극적으로 훈련에 참가하리라 예측할 수 있다. 이처럼 브룸의 기대이론은 눈에 보이지 않는 동기를 구체적인 수치로 표현함으로써 관련 연구에 커다란 진보를 가져다주었다.

옮긴이 이용택 | 한국외국어대학교에서 일본어를 공부한 후, 출판사에서 기획 및 편집 업무를 담당했다. '꽃씨를 심는 번역가'를 모토로 내걸고 독자들이 삶의 꽃을 피울 수 있도록 다양한 분야의 일본 도서를 소개하고 있다. 현재 출판 번역 에이전시 베네트랜스에서 전문 리뷰어 및 번역가로 활발히 활동 중이다. 옮긴 책으로는 『애프터 비트코인』, 『라쿠텐 쇼핑몰 CEO들의 성공법칙 10』, 『세계 금융 붕괴 시나리오』 등이 있다.

THE TEAM

성과를 내는 팀에는 법칙이 있다

초판 1쇄 발행 2020년 2월 11일
초판 7쇄 발행 2022년 10월 4일

지은이 아사노 고지 **옮긴이** 이용택

발행인 이재진 **단행본사업본부장** 신동해 **편집장** 김예원
책임편집 김보람 **디자인** 최보나
마케팅 최혜진, 이인국 **홍보** 최새롬
국제업무 김은정 **제작** 정석훈

브랜드 리더스북
주소 경기도 파주시 회동길 20
문의전화 031-956-7352(편집) 031-956-7089(마케팅)
홈페이지 www.wjbooks.co.kr
페이스북 www.facebook.com/wjbook
포스트 post.naver.com/wj_booking

발행처 ㈜웅진씽크빅
출판신고 1980년 3월 29일 제406-2007-000046호

한국어판 출판권 ⓒ 2020 Woongjin Think Big
ISBN 978-89-01-23922-4 03320

리더스북은 ㈜웅진씽크빅 단행본사업본부의 브랜드입니다.
이 책의 한국어판 저작권은 대니홍 에이전시를 통한 저작권사와의 독점계약으로 ㈜웅진씽크빅에 있습니다.
저작권법에 따라 한국 내에서 보호받는 저작물이므로 무단 전재와 복제를 금합니다.
이 책 내용의 전부 또는 일부를 이용하려면 반드시 저작권자와 ㈜웅진씽크빅의 서면 동의를 받아야 합니다.

※ 책값은 뒤표지에 있습니다.
※ 잘못된 책은 바꿔드립니다.